Don Finto
Dein Volk ist mein Volk

Don Finto

Dein Volk ist mein Volk

Wie Israel, die Juden und die christliche Kirche in den letzten Tagen zusammenkommen werden

Verlag Gottfried Bernard
Solingen

Titel der Originalausgabe:
Your people shall be my people
Don Finto

Published by Regal Books
A Division of Gospel Light
Ventura, California, U.S.A.

Verlag Gottfried Bernard
Heidstr. 2a
42719 Solingen
E-Mail: Verlag.GottfriedBernard@gmx.de

Übersetzt aus dem Amerikanischen von Michaela Wedel, Schramberg
Satz: Satz & Medien Wieser, Stolberg
Grafik: Thomas u. Manuela Sommerer, type + print, Nürnberg
Druck: Schönbach Druck, Erzhausen

Alle Bibelzitate sind der Revidierten Elberfelder Bibel entnommen, wenn nicht anders angegeben.

ISBN 3-934771-34-3

Dieser sowie alle weiteren Titel aus dem Verlag Gottfried Bernard sind erhältlich bei:
Gerth Medien GmbH
D-35607 Asslar

Inhalt

Stimmen zu *Dein Volk ist mein Volk* 8

Vorwort von Michael W. und Debbie Smith 12

Vorwort zur deutschen Ausgabe........ 13

Danksagungen 15

Einführung 18

Kapitel 1 Der Anfang vom Ende 23
Erst als ich die Herausforderung annahm und mir einige Stellen der Schrift genauer ansah – die Propheten, die Apostel und Jesu eigene Worte – wurde ich mir bewusst, dass Gott immer noch einen Plan für Sein Bundesvolk hat und dass ihre Rückkehr in ihre angestammte Heimat den Anfang vom Ende signalisiert.

Kapitel 2 Der „größere Reichtum" der weltweiten Erweckung 37
Das unvergleichliche Wachstum der Kirche unserer Tage ist ein Vorbote der größten Erweckung der Weltgeschichte und mit der Wiedergeburt Israels eng verbunden.

Kapitel 3 Israel – Eine Nation von Priestern 47
Israel und das jüdische Volk haben sowohl das säkulare als auch das geistliche Leben der Nationen maßgeblich beeinflusst, und ihren Glauben an den einen wahren Gott bewahrt.

Kapitel 4 Die beabsichtigte Auslöschung 59
Von der Berufung Abrahams bis heute zielt der unsichtbare Feind des Menschen auf die völlige Ausrottung Israels, um die Absichten Gottes zu vereiteln und Seine Verheißungen zunichte zu machen.

Kapitel 5 Die frühe jüdische „Kirche" 71
Obwohl die Erlösung einzig durch das vollkommene Werk des Messias vollbracht worden war, hielt die ausschließlich jüdische Urkirche immer noch den Sabbat und feierte die Feste als Verkündigung des Messias, der sie erfüllt hatte.

Kapitel 6 Die Kirche wird „nichtjüdisch“ 81
Als die Römer den Tempel und die Stadt Jerusalem zerstörten, nahm die Kirche an, Gott sei mit Israel am Ende, und verlangte bald von jüdischen Gläubigen, ihr eigenes Erbe zu verlassen.

Kapitel 7 Spaltung – Die DNA der Nichtjüdischen Kirche 92
Die Ablehnung der jüdischen „Elternschaft“ im Herrn ist die erste große Spaltung im Leib des Herrn. Eine Mutation hat im Leib stattgefunden, und er wird erst wieder heil, wenn diese Wunde geheilt ist.

Kapitel 8 Rückkehr ins Land 100
Sowohl die Vorkommnisse, die zur Wiedergeburt der Nation Israel führten, als auch die Umstände, die das dramatische Ereignis umgaben, können nur mit Hilfe des wundersamen Eingreifens des Allmächtigen erklärt werden.

Kapitel 9 Das Erwachen 113
Gemäß den Propheten bedeutet Israels Rückkehr ins Land die Zeit seines geistlichen Erwachens, wie durch das erstaunliche Wachstum der messianischen Gemeinschaft der Gläubigen belegt wird.

Kapitel 10 Die auferstandenen „Nazoräer“ 125
Unter den Hunderttausenden jüdischen Menschen, die zum Glauben gekommen sind, und unter den an Jesus gläubigen Synagogen, die rund um die Welt entstanden sind, tauchen viele Fragen auf.

Kapitel 11 Jude und Nichtjude – „*Ein* neuer Mensch“ 140
Die Worte des Paulus, des jüdischen Apostels der Heiden, bekommen eine neue Bedeutung, wenn wir das Zusammenkommen von Juden und Heiden in unseren Tagen betrachten.

Kapitel 12 Aufgerufen zum Gebet 150
Die prophetische Erfüllung, die wir jetzt erleben, ist ein Aufruf an die Kirche, mit Gott auf ihre Vollendung hinzuarbeiten und die Wiederkunft des Messias auf Erden voranzutreiben.

Kapitel 13 Der letzte Exodus 156
Genau wie beim Auszug aus Ägypten und dem „zweiten Exodus“ Israels aus den Nationen wird auch der letzte Auszug des gesamten Leibes des Messias – der Exodus, um unserem König zu begegnen – nicht ohne vorausgehende Plagen und Verfolgungen vor sich gehen.

Kapitel 14 Gesegnet zum Segnen 163
Praktische Wege, auf denen die Kirche, die durch ihre jüdischen Wurzeln gesegnet wurde, in ihre volle Bestimmung eintreten kann, indem sie ihren älteren Bruder segnet.

Anhang A Toward Jerusalem Council II 176

Anhang B Buchempfehlungen 180

Anhang C Messianisch-jüdische Bewegungen und Gemeinden 183

Anhang D Bekenntnis der Buße gegenüber dem jüdischen Volk 186

Stimmen zu *Dein Volk ist mein Volk*

Dein Volk ist mein Volk erbringt den klaren biblischen Nachweis, dass Gottes Absichten unverbrüchlich mit Seinem ursprünglichen Bundesvolk verbunden sind. Don Finto präsentiert frische und herausfordernde Einsichten.

Mike Bickle
Geistlicher Leiter des International House of Prayer,
Kansas City, Missouri

Dein Volk ist mein Volk ist eine Geschichte mit explosiven Zusammenhängen, eine Lehre, die alles verändern könnte. Ich glaube, dass dies die wirkliche Geschichte des jüdischen Volkes und der Kirche ist, wie Gott sie sich ausgemalt hat. Ohne diese Information können internationale christliche Leiter uns nicht in die Zukunft führen, die Gott im Sinn hat.

John Dawson
Gründer der International Reconciliation Coalition,
Ventura, Kalifornien

Ich bin dankbar, dass mein Freund Don Finto den Preis bezahlt, um uns dieses überaus bedeutende, informative, prophetische Buch zu schenken. Es ist eine Botschaft aus den Gedanken und dem Herzen Gottes. Wenn Juden wie Nichtjuden diese kraftvollen Wahrheiten aufnehmen, wird Gottes Reich sich unweigerlich in bedeutendem Umfang ausbreiten.

Joy Dawson
Internationale Referentin und Autorin,
Tujunga, Kalifornien

Kontroversen umgeben Gottes Plan für Israel. Don Finto präsentiert eine aufregende biblische Perspektive des Herzens Gottes für das Heilige Land. Indem er dies tut, gibt er uns wertvolle und inspirierende Hilfen, wie wir unsere jüdischen Freunde für Christus gewinnen können.

Francis Frangipane
Pastor, River of Life Ministries, Cedar Rapids, Iowa

Das ist das beste brückenbauende Buch, das zum Thema Israel, das jüdische Volk und die Kirche geschrieben wurde! Begeben Sie sich mit meinem Freund Don Finto auf eine Reise und lernen Sie, wie auch Sie Gottes Herz für Seine Absichten mit dem jüdischen Volk empfangen können.

Jim W. Goll
Mitgründer von Ministry to the Nations, Autor von *Exodus Cry* und *Kneeling on the Promises*, Antioch, Tennessee

Don Fintos Vorbild von anvertrauter und geprüfter Leiterschaft weist einen Weg der Weisheit und eines dienenden Herzens. Es ist eine Freude für mich, sein neues Buch zu entdecken!

Jack W. Hayford
Direktor des King's College and Seminary, Van Nuys, Kalifornien

Man kann dieses aktuelle, wahrhaft lebensverändernde Buch nicht lesen, ohne Gottes Herz für das jüdische Volk zu empfangen. Jeder Gläubige sollte *Dein Volk ist mein Volk* lesen.

Cindy Jacobs
Mitgründerin von Generals of Intercession, Colorado Springs, Colorado

Hier ist ein leidenschaftliches Buch mit guter Theologie. Don Finto wünscht sich leidenschaftlich, dass sich die Bestimmung der Kirche erfüllt, zu der gehört, dass sie eine Schlüsselstellung bei der Errettung Israels einnimmt. Ich freue mich schon darauf, durch die weite Verbreitung dieses Buches einen großen Gewinn für das Reich Gottes zu erleben.

Daniel C. Juster
Direktor von Tikkun International, Gaithersburg, Maryland

Die Kirche besitzt viele Bücher über Israel, Prophetie und die Endzeit, aber wenige haben uns mit Gottes Herzen auf so eine umwälzende Art verbunden wie dieses. *Dein Volk ist mein Volk* ist ein Volltreffer – ein Aufruf, Gott zu lieben, indem wir Seine Auserwählten lieben.

Stephen Mansfield
Senior-Pastor der Belmont Church, Nashville, Tennessee

Erst wenn die Trennwand zwischen Juden und Heiden gebrochen ist, wird die Kirche zu der Einheit und Herrlichkeit kommen, die ihr in der Schrift verheißen sind. Don Fintos Lehre ist von grundlegender Bedeutung für die Gestaltwerdung des „*einen* neuen Menschen" – aus Jude und Heide, die im Messias eins werden. *Dein Volk ist mein Volk* ist eine Pflichtlektüre für Christen, wenn sie die nächste, größte und letzte Bewegung des Geistes Gottes auf dem Planeten Erde verstehen wollen.

Sid Roth
Vorsitzender von Messianic Vision, Brunswick, Georgia

Im Geiste Ruts hat Don Finto die Leidenschaft Gottes für Naomi, das abgelehnte und doch für einen ewigen Plan bestimmte jüdische Volk, ausgedrückt. In Demut und liebevoller Identifikation hat Finto die Herzen der messianischen Juden gegenüber unseren geliebten nichtjüdischen Geschwistern am Tisch unseres Herrn ausgedrückt. Auf dramatische Weise ist Israel aus dem Exil zurückgekehrt. Auf prophetische Weise signalisiert dieses Ereignis das kommende Wiederentdecken Jeschuas (Jesu) als unseren Messias. Die Zeit ist reif für die jüdisch-nichtjüdische Partnerschaft, die im Buch Rut prophezeit wird. *Dein Volk ist mein Volk* könnte Ihre Möglichkeit sein, an Israels letztlicher Erlösung teilzuhaben.

Eitan Shishkoff
Gründer und Direktor von Tents of Mercy, Kriyat Yam, Israel

Don Finto ist ein Mann der Integrität, jemand, der weise über dem wacht, was ihm anvertraut wurde. Der Geburt nach Nichtjude wurde sein Herz zum jüdischen Volk hingezogen, und hier teilt er seine Leidenschaft der Christenheit mit. *Dein Volk ist mein Volk* ermöglicht einen exzellenten Zugang zu seiner Person und zu der Tiefe seiner Leidenschaft. Dieses ausdrucksstarke, lehrreiche Werk bezieht sich auf die Schrift und auf historische Dokumente, um uns ein tieferes Verständnis Israels und der Rolle des jüdischen Volkes in Gottes Plan zu geben.

Tommy Tenney
Autor von *Die Gott nachjagen*, Pineville, Louisiana

Vorwort

Es gibt ein paar Leute, die Gott in unser Leben geschickt hat, um uns zu ermutigen, zu ermahnen, zu leiten, zu lehren und vor allem, um uns lieb zu haben, und dies gründlich! Don Finto steht dabei ganz oben auf unserer Liste.

Und von diesem Mann, der uns nicht nur getraut und unsere Kinder in Existenz gebetet hat, sondern auch unser Reiseleiter auf zwei Besuchen in Israel war, kommt ein Werk, das eine Feier seiner Leidenschaften ist. Don besitzt eine Leidenschaft für das Wort und eine Leidenschaft für Gottes Volk, sowohl für die Juden als auch für die Heiden. Wir unterstützen Don Finto, seine Vision und sein neues Buch von Herzen!

Wir beten, dass der Herr es gebrauchen wird, damit den Gläubigen die Augen für die dauerhafte Rolle Israels in Gottes Plänen geöffnet werden. Gott hat unsere Augen durch Dons Lehre geöffnet, und jetzt beten wir mit einer neuen Vision für den Frieden Jerusalems. Wir sind überzeugt, dass es Ihnen nach dem Lesen dieses Buches genauso gehen wird.

Michael W. und Debbie Smith
Nashville, Tennessee

Vorwort zur deutschen Ausgabe

Ich kenne Don Finto und seine liebe Frau Martha Ann seit unseren gemeinsamen Reisen an die Brennpunkte mittelalterlicher und frühkirchlicher Judenfeindlichkeit, die wir in den späten neunziger Jahren des letzten Jahrhunderts unternahmen. Wir waren gemeinsam auf den Spuren der Inquisition in Spanien, an Konzils-Orten wie Nicea und Rom, in Israel an verschiedenen Stellen zusammen mit messianisch-jüdischen Leitern und Leitern diverser Nationen-Kirchen. Gemeinsam versuchten wir, Versöhnung im Geist und in der praktischen Begegnung zu leben, besser zu erlernen auf der Grundlage der einschlägigen biblischen Konzepte.

Don Finto war längere Zeit in Deutschland tätig und von daher kennt er die deutsche und deutsch-christliche Position in bezug auf die Juden und die jüngste Geschichte Deutschlands sehr gut. Auch deutsche Unsicherheit, trotz gutem Willens, mit dieser Realität von Judenverfolgung und Holocaust richtig umzugehen. Er ist uns Deutschen und auch mir als aussöhnungswilligem „Enkel" der Nazi-Generation in geistlich/väterlicher Weise zugetan. Ermutigung und freundlicher Ansporn sind seine bevorzugten Mittel.

Das ist ohnehin seine größte Stärke: Geistlicher Freund und Vater sein. Vor allem für Pastoren und geistliche Leiter. Für jüdisch-messianische genauso wie für Leiter und Pastoren von „Nationen-Gemeinden".

So ist auch dieses Buch ein einziges Zeugnis dieser gelebten Vaterschaft: Nicht aufdringlich und doch klar. Unmißverständlich und doch nicht druck-ausübend.

Im Grunde geht es um den schon weit fortgeschrittenen und doch so zerbrechlichen Ansatz, der dahin führen soll, daß die verschiedenen Teile der christlichen Kirche eines nicht zu fernen Tages gemeinsam beschließen werden, daß Menschen als Juden geboren werden und als Juden sterben, aber dennoch ganz und gar in die Abhängigkeit und Identität Jesu Christi kommen können, ohne einer christlichen Kirche oder Gemeinde beizutreten.

So lebte ja auch die erste nachpfingstliche Glaubens-Generation: Lauter Juden, die in Christus ihren Messias fanden und der Welt das Evangelium brachten. Von Petrus bis Paulus, von Barnabas bis Silas.

Don Finto stellt unwiderlegbar biblisch klar, was in der Kirchengeschichte in bezug auf jüdische Gläubige falsch gelaufen ist, wo die Ursachen zu finden sind. Er zeigt einen gangbaren Weg der (späten) Korrektur auf. Und er läßt den Leser teihaben an diesem Prozeß mit kosmischer Bedeutung, der noch in vollem Gange ist. Das ist das eigentliche faszinierende an diesem Buch: Prophetisch und doch zeitgeschichtlich relevant.

Für jeden, der sich nach mehr Verständnis von Kirche, Geschichte, Spaltung, Wiederherstellung, Versöhnung, Heilung sehnt ist dieses Buch ein „Muß". Es hat starke endzeitliche Züge und ist auf geniale Weise in der Lage, entscheidende Lücken und Königreichshindernisse in unserem christlichen Denken zu schließen, bzw. zu beseitigen.

Allein deshalb freue ich mich sehr über die deutsche Ausgabe dieser Arbeit und hoffe, daß viele Christen, ob Israel zugetan oder nicht, in den Genuß der hier dargelegten Wahrheiten kommen.

Rudi Pinke, Frankfurt im März 2002

Danksagungen

Mein Leben wurde durch meine messianisch-jüdischen Geschwister sehr bereichert. Danke, Eitan Shishkoff, dass du mein strauchelndes nichtjüdisches Herz umarmt hast, als ich mehr über jüdische Gläubige erfuhr. John Dawson und Dan Juster, ihr könnt euch nicht vorstellen, wie dankbar ich für die Einladung in die Kongressleitung des Toward Jerusalem Council II bin, um mit euch an dem Ruf, den die Kirche erhalten hat, teilzuhaben, Buße für ihre Sünden gegen das jüdische Volk zu tun. Danke, Marty Waldman, Evan Thomas, David Chernoff, Bob Cohen, David Rudolph und Ilan Zamir (der mittlerweile schon zu seinem König gegangen ist), dass ihr mich in diesem Gremium willkommen geheißen und in diesen drei Jahren euer Leben mit mir geteilt habt, als wir miteinander in der Geschichte an wichtige Punkte zurückgegangen sind und wiederholte Male zusammen den Thronsaal betreten haben.

David Chernoff, durch die Lektüre des Buches deiner Mutter hat der Herr mein Herz so weit gemacht, dass ich einen großen Teil meines restlichen Lebens darauf verwenden werde, mehr Verständnis in der Kirche zu wecken und meine jüdischen Geschwister herauszufordern, dass sie glauben, dass die Zeit für ihre eigenen Verwandten reif ist, zum Glauben an den Messias zu kommen. Ich bin dir für alle Zeiten dankbar.

Danke, Dan, David, Eitan und Asher Intrater, dass ihr mich als gleichgestellten Partner in der Tikkun, dem apostolischen, messianisch-jüdischen Leitungsrat mit Dienst in den USA, der ehemaligen UdSSR, Israel und anderen Teilen der Welt, angenommen habt.

Ohne Sie, Anne Severance, hätte es dieses Buch nie gegeben. Es war der Herr, der mir Ihren Namen immer wieder ins Gedächtnis rief, als ich für einen Verleger betete. Sie haben an mich geglaubt, mich ermutigt, das Beste aus mir herausgeholt, mich herausgefordert und mich wie einen guten Schriftsteller aussehen lassen.

Bill Greig II und Kyle Duncan, wenn Sie nicht die Leidenschaft meines Herzens gehört hätten, wären sie niemals mit mir über meine ersten Schreibversuche hinaus gekommen oder hätten mich als Autor bei Gospel Light/Regal willkommen geheißen. Danke, dass Sie mich lieb gewonnen und mir vertraut haben. Und Cal Tarrant, Ihre E-Mail, mit der Sie mich zum Mittagessen eingeladen haben, um mich wissen zu lassen, dass Sie, eines meiner ehemaligen Schäfchen aus Nashville, jetzt in der Marketing-Abteilung bei Gospel Light tätig sind, war ein unglaublicher Segen. Danke, dass Sie darauf vertraut haben, dass ich wirklich eine Botschaft habe, deren Zeit gekommen ist, und dass Sie mich herausgefordert haben, mit Ihnen zusammen Wege zu finden, wie sie verbreitet werden kann.

Ich habe viele Fürbitter und einige von ihnen haben viele Monate lang gebetet, dass ich es schaffen würde, diese Herzensbotschaft niederzuschreiben. Betsy Headden hat mehrfach andere zum Gebet aufgerufen, wenn sie wusste, dass ich nicht weiterkam. Und der Herr hat ständig weitere Offenbarung und Erkenntnisse gegeben. Möge der Herr dich segnen, Betsy, genau wie Ann Bell, Barbie Doyle, Jessica Austin, Beverly Boulware, Pat Gee, John Hooker, Shirley Holland und viele, viele andere.

Ich werde Stephen Mansfield und meiner Familie von Belmont Church ewig dankbar sein für ihre Ermutigung, ihre Liebe und ihre kontinuierliche Unterstützung.

Meine jahrelange, treue Assistentin hat ein Herz so groß wie die ganze Welt und eine Liebe für Israel und das jüdische Volk, die meiner eigenen entspricht. Danke, Sandra Elkins, dass du mein Leben in Ordnung gehalten hast, während ich von der Botschaft dieses Buches träumte.

Können Sie sich vorstellen, wie das Leben für eine Ehefrau ist, die 48 Jahre mit einem Mann verheiratet ist, der sich ständig verändert? Gott wusste, dass du, Martha, das überleben und mich immer noch lieben und mir vertrauen könntest. Danke, dass du mich Tag für Tag, Nacht für Nacht an den Computer gelassen hast, damit ich diese Leidenschaft auf Papier bringe. Lass uns ein paar Tage frei nehmen und einen abgeschiedenen Strand oder eine Anlage in den Bergen finden, wo wir Zeit zum Reden haben.

Und als ich schon beinahe mit dem Schreiben fertig war, wusste ich, dass ich David Hooper, zusammen mit Carl Kinbar, Dan Juster, Eitan Shishkoff und Avner Boskey bräuchte, damit sie überprüfen, was ich geschrieben habe, und um sicher zu gehen, dass es auch stimmig ist. Sie konnten auch Dinge sehen, die ich nicht bemerkt hätte, und dies brachte Klarheit in das ganze Projekt. Ich kann meine Wertschätzung gar nicht angemessen ausdrücken.

Dir, o Herr, werde ich ewig dankbar sein, dass Du mir erlaubt hast, einige Deiner Pläne für unsere Tage zu erkennen und eines der Instrumente zu sein, das die Kirche herausfordern soll, diese Offenbarung zu begreifen. Nichts ist befriedigender als Teil Deines Werkes zu sein. Hilf mir, weiter zu wachsen, zu lernen und demütig vor Dir zu wandeln, damit Du mich auch weiterhin in Deinem ewigen Plan gebrauchen kannst.

Einführung

Die biblische Geschichte von Rut ist sehr viel mehr als die schöne Liebesgeschichte von König Davids Urgroßeltern. Rut ist ein Symbol für einen jeden Nichtjuden, der jemals durch Israels Gott zum Glauben gekommen ist. Die Worte dieser Moabiterin an ihre jüdische Schwiegermutter Naomi – „dein Volk ist mein Volk, und dein Gott ist mein Gott" – klingen immer noch im Herzen jedes Nichtjuden, der an den Boas und Rut verheißenen Sohn, den Messias glaubt, der durch ihre Linie kommen sollte. Jeder nichtjüdische Gläubige kommt aus dem Land der Hungersnot in die geistliche Welt der Fülle dieses Namens. Selbst Jesu Bezugnahmen auf sich selbst als das Brot des Lebens gehen auf diese uralte Liebesgeschichte zurück – ganz zu schweigen von der Tatsache, dass Er im Schatten genau jener Felder geboren wurde, auf denen Rut die Ähren auflas, gleich außerhalb von Beth-Lechem („Haus des Brotes").

Aber die Kirche hat auf ihren Boas nicht reagiert wie Rut. Die Kirche ließ ihren moabitischen Wandel nicht hinter sich, als sie nach Hause kam. Sie mag vielleicht das „Brot" des Boas angenommen haben, das Jesus für uns repräsentiert, aber sie hat all Seinen Verwandten, nämlich dem jüdischen Volk, den Rücken gekehrt.

Das ist der Grund, warum ich schreiben muss. Das ist der Grund, warum ich noch ein Buch über Israel schreiben muss, zusätzlich zu der Vielzahl, die bereits geschrieben wurden. Meine Regale enthalten ganze Reihen von Bänden über diese winzige Nation, ihre Rückkehr aus dem Exil und der Zerstreuung, den neu errichteten Staat, die Wiedererweckung der hebräischen Sprache und wie all dies für die endzeitliche Prophetie von Bedeutung ist. Ich besitze ebenfalls viele Bücher, die über die wachsende messianisch-jüdische Gemeinschaft geschrieben wurden. Was soll es da noch Neues geben?

Manches von dem, was ich schreibe, ist nicht neu. Es ist vielleicht aus einer anderen Perspektive geschrieben, aber es ist nicht neu. Dass Israels Rückkehr in sein Land die Erfüllung der Prophetien ist und dass es ein Signal für die nahende Wiederkunft des Herrn auf Erden darstellt, sind keine ungewöhnlichen Themen in christlichen Kreisen. Trotzdem werden ein paar von Ihnen, die schon einiges auf diesem Gebiet gelesen haben, von diesem Buch angezogen werden.

Für andere mögen die Informationen eine frische Offenbarung sein. Kürzlich besuchte ich einen Pastor, der, obwohl er den Herrn leidenschaftlich sucht und Sein Wort zutiefst kennen will, nichts von Gottes Absichten für Israel wusste. Die Propheten waren für ihn wie verschlossene Bücher, die nur Geschichten von Dingen enthielten, die bereits eingetroffen waren. Bis vor kurzem hatte mein Freund noch nie darüber nachgedacht, die Propheten als Schriften zu lesen, die von Ereignissen sprechen, die noch nicht stattgefunden haben.

Wie auch ich es in früheren Jahren getan hatte, nahm er klare Worte der Schrift über Israels Zukunft und wendete sie auf die Kirche an oder behandelte diese reichen Hallen voll prophetischer Schätze wie staubige Kisten von bereits eingetroffenen geschichtlichen Ereignissen. Nach unserem Gespräch wollte der junge Pastor mit einer frischen Lektüre der biblischen Prophetien beginnen. Er will wissen, was er verpasst hat! Für solche Männer und Frauen habe ich dieses Buch geschrieben.

Ein anderer Freund, der auch Pastor ist, wird es wahrscheinlich nicht lesen. Er hat sich bereits festgelegt, dass „Jesus von Nazareth die Erfüllung des Alten Bundes und das Ende von Gottes vorläufigem Volk, den Kindern Israel, ist“, wie er mir schrieb. Er glaubt, dass es „so etwas wie eine messianisch-jüdische Gemeinschaft nicht gibt“ und dass „das Reich Gottes sich nicht durch ein widerspenstiges Volk erfüllt, das nur dem Blut und nicht dem Samen nach, der allein durch Glauben geschenkt wird, Nachkomme ist.“ Ich liebe diesen Mann und bete, dass auch er die prophetischen Worte sowohl des Alten als auch des Neuen Testaments noch einmal lesen und Gott seine Augen für das öffnen wird, was ich dort sehe.

Manches von dem, was Sie hier lesen werden, wurde schon von anderen niedergeschrieben, aber jene Bücher haben keine weite Verbreitung gefunden. Ich habe mich ausgiebig dieser Quellen bedient, als ich mich mit Israels priesterlicher Rolle für die Nationen, dem Hass der etablierten Kirche gegenüber dem jüdischen Volk in weiten Abschnitten der Geschichte, der jüdischen Prägung der frühen „Kirche“ und dem immer „nichtjüdischer“ werdenden Gesicht der Kirche beschäftigt habe.

Sie werden einiges an Material finden, das für Sie vielleicht neu ist. Ich glaube, dass der Herr mir immer wieder Momente der Offenbarung noch beim Schreiben gegeben hat. Jahrelang war ich fasziniert von der Beziehung zwischen der gegenwärtigen weltweiten Erweckung und dem Wachstum der messianisch-jüdischen Gemeinschaft. Ich habe noch niemanden gehört, der diese Vergleiche zieht, obwohl vor 400 Jahren ein paar unserer christlichen Leiter anfingen, davon zu sprechen, dass die Rückkehr des jüdischen Volkes in seine Heimat und seine geistliche Erweckung mit einer großen weltweiten Erweckung verbunden und von ihr begleitet werden würde.

Meine Erfahrungen in der messianischen Bewegung haben mir ein klareres Verständnis für jüdische Herzen gegeben. Sie haben ein Bewusstsein, das ich unter vielen christlichen Pastoren nicht gefunden habe. In mir ist eine Leidenschaft, dass meine jüdischen Geschwister als jüdisch akzeptiert und dazu ermutigt werden, ihren Glauben in einem jüdischen Rahmen auszudrücken. Ich möchte erleben, dass die Nichtjüdische Kirche ihre eigenen jüdischen Grundsteine schätzt. Ich möchte, dass sie versteht, warum Israel und das jüdische Volk wieder die Hauptrolle in der Weltgeschichte spielen, und ich möchte, dass sie dankbar ist für eine wieder erstarkende jüdische Leiterschaft im Leib des Messias.

Wenn die Kirche die prophetischen Zeiten, in denen wir leben, versteht, werden wir bessere Partner Gottes zu ihrer Erfüllung werden. Wir werden persönlich und stellvertretend für die Kirche Buße tun für die Jahrhunderte lange Verfolgung des jüdischen Volkes und werden brennendere Fürbitter um seinetwillen werden, die nach jeder Gelegenheit Ausschau halten, es zu segnen und nicht zu verfluchen.

Ich habe erkannt, dass die Gläubigen aus den Nationen in Rut angekündigt wurden. Sie war die nichtjüdische Urgroßmutter von König David. Obwohl sie nicht aus dem Samen Juda stammte, kam sie in das volle Erbe Israels. Aber im Gegensatz zur Kirche brachte Rut ihren nichtjüdischen Lebenswandel nicht mit. Sie verließ ihr eigenes Volk und schloss einen Bund mit Naomi und später mit Boas. Sie versprach, mit Naomi und ihrem Volk zu leben und zu sterben. Ich glaube, das sollte die Haltung der Nichtjüdischen Kirche gegenüber Gottes Bundesfamilie sein, an deren Verheißungen wir nun teilhaben.

Um dieses Buch im Zusammenhang mit unseren jüdischen Wurzeln stimmiger zu gestalten, habe ich mich entschlossen, Ausdrücke zu verwenden, die sowohl für Juden als auch für Nichtjuden relevant sind. Ich werde beispielsweise das Wort „Kirche" nicht im Sinne von Gemeinden jüdischer Gläubigen gebrauchen. Jüdische Versammlungen werden häufiger das Wort „Gemeinde" benutzen [eine ebenso gute Übersetzung des griechischen *ekklesia*, das wörtlich „die Herausgerufenen" bedeutet]. In diesem Buch werden Sie die „nichtjüdische Kirche" großgeschrieben vorfinden, wenn ich mich auf die Nichtjüdische Kirche insgesamt beziehe.

Meistens werde ich mich auf den Messias beziehen anstatt auf Christus. Das liegt daran, dass ich mich für die Übersetzung aus dem Hebräischen und nicht aus dem Griechischen entschieden habe. „Christus" ist für viele jüdische Menschen ein Unwort geworden, weil viele der Verfolgungen, die gegen sie gerichtet waren, in jenem Namen stattfanden.

Ich persönlich genieße den Gebrauch von Jesu hebräischem Namen Jeschua, weil das der Name ist, mit dem Miriam (Maria), Seine jüdische Mutter, Ihn gerufen haben muss. Ich weiß jedoch, dass dieser Ausdruck für viele Leser befremdlich wäre, und deshalb verwende ich diese beiden Namen praktisch bedeutungsgleich.

Manchmal beziehe ich mich im Text auf die Juden, aber selbst diese Bezeichnung – sie kommt ursprünglich von Juda, Israels dominierendem Stamm im südlichen Königreich und Jesu eigener Stamm – besitzt für das jüdische Volk negative Konnotationen. Ich glaube, ich habe noch nie gehört, dass sich eine jüdische

Person mit den Worten vorstellt: „Ich bin Jude." Sondern vielmehr: „Ich bin jüdisch." Deshalb spreche ich in diesem Buch vom jüdischen Volk, den Söhnen Israel und von Gottes Bundesvolk. Ich liebe das jüdische Volk und werde alles Nötige tun, damit mein Reden für diese verfolgte, am nächsten mit unserem Herrn blutsverwandte Familie akzeptabel ist.

Das sind einige der Gedanken, die mich motiviert haben, meinem Herzen Ausdruck zu geben. Ich habe mich nie als Autor verstanden, und doch glaube ich, dass ich Dinge erkenne, über die noch nicht für ein großes Leserpublikum geschrieben wurde. Ich lade Sie dazu ein, mich unter Gebet anzuhören und wie die Beröer, die Lukas in Apostelgeschichte 17,11 erwähnt, die Schriften zu erforschen, um nachzuprüfen, ob ich Recht habe.

Hören Sie auf Rut, unsere nichtjüdische Bundespartnerin, wie sie zu ihrer jüdischen Schwiegermutter spricht: „Wohin du gehst, dahin will auch ich gehen, und wo du bleibst, da bleibe auch ich. Dein Volk ist mein Volk, und dein Gott ist mein Gott" (1,16).

Könnte dies das Bundesgelöbnis sein, das wir dem jüdischen Volk gegenüber ablegen sollen? Wenn Sie dem zustimmen, dann möge Ihr Leben nie mehr dasselbe sein! Mögen Sie ein eifernder Anwalt für Israel und Israels Kinder werden, indem sie ihre Rechte vor dem Thron des Vaters verteidigen.

Kapitel 1

Der Anfang vom Ende

Wenn aber diese Dinge anfangen zu geschehen, so blickt auf und hebt eure Häupter empor, weil eure Erlösung naht.

Lukas 21,28

Gott verhieß Abraham: „Ich will dich zu einer großen Nation machen, und ich will dich segnen, und ich will deinen Namen groß machen, und du sollst ein Segen sein! Und ich will segnen, die dich segnen, und wer dir flucht, den werde ich verfluchen; und in dir sollen gesegnet werden alle Geschlechter der Erde" (1. Mo. 12,2,3). Wenn diese uralte Verheißung immer noch wahr ist, und das ist sie, dann wird keine Person, keine Gemeinde, keine Nation oder Volksgruppe jemals ihren vollen Segen erhalten, bis sie lernt, das jüdische Volk zu lieben.

Ich habe diese Wahrheit nicht immer so leidenschaftlich formuliert. Lassen Sie mich Ihnen sagen, warum ich glaube, dass wir heute in Zeiten leben, in denen sich die Prophetien erfüllen, und wie ich als westtexanischer Farmerjunge zur messianisch-jüdischen Gemeinschaft kam und das Bundesvolk lieben lernte.

Es war in den frühen 50er Jahren, meine Frau Martha und ich kamen gerade frisch vom College, wir waren jung verheiratet und dienten in Nachkriegsdeutschland. Die Nation war entehrt und geteilt; die Häuser und Wohngegenden waren emotional und physisch zerstört. Wir waren jung und idealistisch und wollten daran teilhaben, dieses gedemütigte Volk zu Gott zurück zu leiten.

Mit einem Abschluss im Hauptfach Theologie an einem christlichen College war ich mir dessen, was ich glaubte, sicher. Ich wusste, wie ich die Bibel zu lesen hatte, um bestimmte Abschnitte zu überspringen und andere so zu interpretieren, dass sie immer genau das aussagten, was mir beigebracht worden war. Wir wussten, dass jedes andere Bibelverständnis uns von unseren engsten Freunden und Familienmitgliedern trennen würde. Gelegentlich wurde mir dabei unbehaglich. Ich las manchmal Bibelstellen, die nicht ganz zu dem passten, was ich gelehrt worden war. Aber schließlich wussten es meine Professoren, die gottgefällige Männer waren, besser als ich. Sie konnten Hebräisch und Griechisch lesen und sie konnten einfach nicht falsch liegen.

Dann erhielt ich die Postkarte. Ich erinnere mich noch, als wäre es erst gestern gewesen. Ich hasste diese Karte! Sie war mir peinlich. Sie forderte mich heraus. Sie rüttelte mich auf. Ich hielt den jungen Mann, der sie mir geschickt hatte, ein Erstsemester an der Universität Hamburg, für arrogant. Ich zeigte niemandem die Karte, nicht einmal Martha. Ich zerriss sie und warf ihre Einzelteile beinahe umgehend weg.

Und trotzdem konnte ich sie nicht vergessen. Ich kann sie immer noch wörtlich zitieren: „Lieber Don Finto, liest Du die Bibel, um zu sehen, was die Bibel sagt, oder liest Du sie nur, um eine Predigt vorzubereiten?" Die Karte war unterschrieben mit „Helmut".

Ich lese die Bibel regelmäßig, aber ich wusste, dass ich im tiefsten Innern meines Herzens die Bibel oft studierte, um Positionen zu verteidigen, die bereits aufgestellt waren, statt sie zu studieren, um zu überprüfen, ob dieses Positionen auch biblisch gesehen zutreffend waren. Wollte ich wirklich Gottes Herz zu jedem Thema kennen lernen? Wäre ich wirklich bereit, meine eigene Einstellung zu ändern, selbst wenn dies bedeuten würde, mich von denen zu entfremden, die mir am nächsten standen? Ich wünschte mir das von anderen. Aber wie stand es mit mir? In den kommenden Jahren zog mich Helmuts Karte immer wieder zur Rechenschaft und erinnerte mich ständig daran, den Herrn um Erkenntnis zu bitten.

Nach acht Jahren in Deutschland kehrten Martha und ich in die Vereinigten Staaten zurück, wo ich an einem christlichen College Deutsch und ein paar Bibelkurse zu unterrichten begann. Die charismatische Bewegung fegte über die Nation hinweg und viele Menschen dachten neu über die Glaubenssätze nach, an denen sie lange festgehalten hatten. Dies war auch der Anfang der Hippie-Jahre, die zu der Jesus-Bewegung der späten 60er und frühen 70er Jahre führte. Ich hatte kein Interesse daran, Teil einer neuen Bewegung zu werden, aber ich hatte einen wachsenden Hunger danach, Gott besser kennen zu lernen und Jesus und den Heiligen Geist tiefer zu kennen. Ich kannte die Bibel ziemlich gut, aber ich war mit ihrem Autoren nicht sehr vertraut.

Beinahe zwei Jahrzehnte nach Helmuts Postkarte, als ich in jenem College in Nashville, Tennessee unterrichtete, predigte ich auch in einer örtlichen Gemeinde, zu der des öfteren ein pensionierter Zahnarzt kam. Dr. Hall war ein Student der Prophetie. Er vertiefte sich in die biblischen Propheten von Jesaja bis Maleachi sowie in die Prophetie der neutestamentlichen Schriften. Eines Tages fragte er mich nach dem Gottesdienst, ob ich jemals zugelassen hatte, dass die Propheten des Alten Testaments für sich selbst sprechen, oder ob ich einfach annahm, dass sich alles, was sie geschrieben hatten, bereits im ersten Kommen des Messias erfüllt hätte.

Blitze aus Helmuts Karte! Ich hatte die Bibel jahrelang gelesen, aber ich hatte die hebräischen Schriften nur als historische Bücher gelesen. Während meiner alljährlichen Lesereise durch die Bibel war ich immer erleichtert, wenn ich zum Neuen Testament kam. Die alten Propheten sprachen so oft von Moab und Babylon, von Ephraim und Edom, und da ich immer ein widerwilliger Student der Geschichte gewesen war, verstand ich nur wenig von all dem. Bis auf jene gelegentlichen klaren Worte, die Jesu Kommen voraussagten, überflog ich die Propheten fast, um sie hinter mich zu bringen.

Wenn ich manchmal auf etwas traf, was über Israels Rückkehr in sein Land sprach, dann nahm ich an, dass es sich um seine Rückkehr aus Babylon handelte. (Irgendwie übersah ich die Tatsache, dass diese Abschnitte nicht nur die Rückkehr aus dem Osten [Babylon] voraussagten, sondern auch aus dem Westen und aus dem Norden und Süden – also aus den Nationen.) Ich nahm an, dass die Propheten in jenen Versen, die von der Herrschaft des Messias über die ganze Erde sprachen, symbolisch redeten und das Vordringen des Evangeliums meinten. Wenn ich einen Abschnitt nicht verstand, ignorierte ich ihn oder legte ihn

„geistlich“ aus. „Israel“ war die Kirche. „Israels Sünden“ waren die Sünden der Kirche. „Jerusalem“ war ein Abbild des Himmels. „Zion“ war ein anderer Name für das Volk Gottes.

Dr. Halls Herausforderung hatte mich aufgewühlt, und so begann ich, die Propheten von neuem zu lesen. Daraus ergaben sich mehr Fragen als Antworten. Es gab keinen Platz in meiner Theologie für eine Sammlung Israels. Ich hatte mir bis dahin noch nie vorgestellt, dass es eine Zeit geben könnte, in der die meisten oder alle jüdischen Menschen ihren Messias erkennen würden. Ich war gelehrt worden, dass Jesus nie mehr wieder auf die Erde zurückkehren würde. Es war mir niemals in den Sinn gekommen, dass einige der Prophetien sogar wörtlich erfüllt werden könnten – dass der Herr wieder auf dem Ölberg stehen und der Berg in zwei Teile auseinander brechen würde, genau wie Sacharja es sah (siehe Sach. 14,4).

Die große Debatte

Ich stand vor einem Dilemma. Was musste in der Schrift wörtlich genommen werden und was war nur Symbolik?

Ich beschloss, dass ich eher in Kauf nehmen wollte, die Bibel im wörtlichen Sinne für wahr zu halten, um dann davon überzeugt zu werden, dass diese Annahme falsch war, als sie für symbolisch zu halten und damit falsch zu liegen. Ich ziehe es vor, eines Tages dem Herrn zu begegnen und zu sagen: „Ich habe dich beim Wort genommen“ als Ihn zu treffen und zugeben zu müssen, dass ich nicht gedacht hatte, dass Er wirklich meinte, was Er sagte.

Es schien mir das Beste, die Schrift wörtlich zu nehmen, es sei denn die Schrift selbst würde darauf hinweisen, dass sie nicht so verstanden werden wollte. Es gab Zeiten, als Jesus ausdrücklich sagte: „Das Reich der Himmel *gleicht* ...“ Das ist bildhafte Rede. Sogar im Buch der Offenbarung spricht Johannes oft von einem „Zeichen“, das am Himmel erschien (12,1), während er an anderen Stellen davon spricht, tatsächlich einen neuen Himmel und eine neue Erde oder eine Heilige Stadt zu sehen, wie sie von Gott aus den Himmeln herab kommt (siehe 21,1,2).

Diese wörtliche Annäherung an das Lesen der Prophetien begann mein Verständnis von der jüdischen Situation zu verändern. Abschnitte, die ich lange allegorisiert hatte, mussten nun sorgfältiger ausgelegt werden. Zum Beispiel ist Hesekiels „Tal der Totengebeine" (Hesekiel 37) nicht nur eine gute Predigt für eine tote Kirche, sondern es ist genau das, was der Prophet sagte – ein Bild für Israels Auferstehung (Verse 12, 13). Die Schrift als Allegorie zu verwenden, ohne die eigentliche Prophetie zu akzeptieren, bedeutet, das Gesamtziel von Gottes Wort zu durchkreuzen und es so zu verdrehen, dass es mit der eigenen Zielsetzung übereinstimmt.

Wenn wir einmal die wörtliche Bedeutung von Hesekiel akzeptiert haben – nämlich, dass Israel wieder leben wird – dann können wir diesen Abschnitt auch auf andere Situationen anwenden. Diese Art der Offenheit gegenüber Gottes Wort hält die Schrift lebendig. Der Herr bringt durch Seinen Geist kontinuierlich frische Offenbarung, sowohl bezüglich der wörtlichen Bedeutung als auch für ihre geistliche Umsetzung.

Wir haben nicht das Recht, Worte, die an Israel gerichtet sind, einfach auf die Kirche umzudeuten, solange wir den für die ursprünglichen Adressaten gedachten Sinn nicht verstanden haben. Und selbst dann gehören die Verheißungen uns als Nichtjüdischer Kirche nur, weil wir in Israels Wurzeln eingepfropft sind und zusammen mit ihm die Verheißungen erben, die über ihm ausgesprochen wurden. Paulus sagt, dass wir Teil von Israels Ölbaum geworden und „unter sie eingepfropft und der Wurzel und der Fettigkeit des Ölbaumes mit teilhaftig geworden" sind (Röm. 11,17). Wir ersetzen die ursprünglich gedachten Empfänger nicht. Die Verheißung der Errettung gilt der ganzen Nachkommenschaft, „nicht allein der vom Gesetz, sondern auch der vom Glauben Abrahams" (Röm. 4,16). Nicht allein, sondern auch! Wir werden Teil der Familie Abrahams und sind „Mitbürger der Heiligen" (Eph. 2,19). Der jüdische Messias ist zu unserem Messias geworden. Sein Blut hat auch uns erlöst. Wir treten an Israels Seite, um die Verheißungen zu empfangen, aber wir *ersetzen* es nicht!

Es fiel mir schwer, die Bedeutung der Prophetien zu verstehen, und es ging mir damit nicht anders als den meisten Menschen in Jesu Tagen. Die Schriftgelehrten verstanden ihre Bedeutung nicht. Jene, die den Messias erwarteten, erkannten Ihn nicht. Sie waren zu festgelegt in ihren vorgefassten Erwartungen, was der Messias tun oder wie Er sein würde. Er stand im Fleisch vor ihnen, aber ihre Augen waren verschlossen. Um ehrlich zu sein, war ich auch nicht anders.

Die Schrift war klar genug. Micha nannte Bethlehem als Herkunftsort (siehe Micha 5,2). Sebulon und Naphtali in Galiläa wurden von Jesaja als die Gegend identifiziert, die „ein großes Licht" sehen würde (Jes. 9,1,2). Sacharja wusste schon die Summe, die für Jesu Verrat gezahlt werden würde (siehe Sach. 11,12,13). Jesaja sagte voraus, dass Jesus ein leidender Knecht sein würde (siehe Jes. 53). Sacharja schrieb sogar von einem Esel, der bei Seiner Ankunft eine Rolle spielen würde (siehe Sach. 9,9). Diese Voraussagen sind für uns heute glasklar, aber die religiöse Gemeinschaft jener Tage übersah sie völlig.

„Ihr erforscht die Schriften, denn *ihr* meint, in ihnen ewiges Leben zu haben", sagte Jesus zu den religiösen Leitern Seiner Zeit, „und *sie* sind es, die von mir zeugen" (Joh. 5,39). Er spielt darauf an, dass sie Ihn erkannt hätten, wenn sie ihren eigenen Schriften geglaubt hätten. Sie waren Bibellehrer, die offenbar nicht die Bibel lasen, um etwas zu lernen, sondern um etwas zu beweisen!

Offenbarung, die vom Geist kommt

Intellektuelle Ehrlichkeit allein reicht nicht aus, wenn wir Gott kennen wollen. Wir müssen beten, dass unsere Augen offen und unsere Herzen aufnahmebereit werden. Wir müssen uns nach Erkenntnis und Offenbarung sehnen. Er spricht nicht nur in unseren Verstand hinein, sondern Er offenbart sich auch unserem Geist. Diese Offenbarung kommt in einem Augenblick, den Er bestimmt. Wir müssen willig sein, aber Er ist der Eine, der offenbart. Es kann sein, dass wir immer wieder die Schrift durchlesen und die Wahrheit übersehen, wenn unsere Herzen und unsere geistlichen Augen nicht geöffnet sind.

Kleopas und sein Freund hatten am Morgen der Auferstehung auf der Straße nach Emmaus ein Problem. Sie blickten in Jesu Gesicht, aber sie erkannten Ihn nicht (siehe Lk. 24,16). Erst als ihnen der Schleier von den Augen genommen wurde, erkannten sie, mit wem sie gesprochen hatten. Wir sind darauf angewiesen, dass unsere Schleier gelüftet werden!

Lydia machte bei der Gebetsversammlung am Flussufer außerhalb von Philippi eine ähnliche Erfahrung. Als Paulus zu reden begann, öffnete der Herr ihr Herz, „dass sie Acht gab auf das, was von Paulus geredet wurde“ (Apg. 16,14). Lydia musste willig sein, aber ohne das Öffnen ihres Herzens wäre es ihr nicht möglich gewesen, etwas aufzunehmen.

Sehen Sie, warum Paulus so eindringlich an die Epheser schrieb: „Er erleuchte die Augen eures Herzens“ (Eph. 1,18) und dass Gott „euch gebe den Geist der Weisheit und Offenbarung in der Erkenntnis seiner selbst“ (V. 17)?

Gott spricht keine spezifische Sprache. Er spricht durch Seinen Geist zu unserem Geist. Offenbarung geht tiefer als in den Verstand. Sie berührt unser ganzes Wesen – Verstand, Herz, Absichten, Leidenschaften. Deswegen sagte Paulus den Römern, dass ihre Errettung durch den Glauben „in ihrem Herzen“ komme, dass Gott Jesus aus den Toten auferweckt hat (Röm. 10,9), „denn mit dem Herzen wird geglaubt zur Gerechtigkeit“ (V. 10).

Lukas 21 und das gegenwärtige Wirken Gottes

Es war diese Suche, die mich dazu brachte, Gottes Herzschlag für Israel zu hören. Der Anfang der Offenbarung begann in den frühen 70er Jahren, als ich das Lukasevangelium mit einer Gruppe junger Leute zusammen studierte. Die Studenten saßen dicht gedrängt in einem Klassenzimmer mit großen Fenstern. Sie saßen auf dem Fußboden, ihre Bibeln lagen offen auf ihren Schößen und sie waren hungrig, mehr über diesen Jesus zu erfahren, den sie erst vor so kurzer Zeit kennen gelernt hatten. Sie hatten kaum vorgefertigte Meinungen. Sie lasen die Bibel ganz frisch und baten den Herrn um Offenbarung.

Wochenlang hatten wir schon miteinander Lukas' Bericht von Jesu Leben gelesen und wollten Ihn besser kennen lernen, sodass wir Ihm ähnlicher werden könnten. Der Herr offenbarte sich uns – mir, dem Lehrer, und diesen radikalen jungen Gläubigen.

Alles ging gut, bis zu der Woche, als wir zu Lukas 21 kamen. Ich hätte mich am liebsten gerade vor dieser Unterrichtsstunde gedrückt, weil ich dieses Kapitel nicht verstand, geschweige denn es für andere auslegen konnte. In diesem Abschnitt hatte der Herr mit den Jüngern über die Zukunft gesprochen – Seine Zukunft und die Zukunft Israels. Er sprach von der Zerstörung des Tempels und den Ereignissen, die rund um dieses Geschehen passieren würden. Aber Er sprach auch von Seiner eigenen Wiederkunft. Ich war mir nicht immer sicher, wann Er sich auf was bezog.

Ich hatte dieses Kapitel und die entsprechenden Kapitel in Matthäus 24 und Markus 13 schon oft gelesen und dabei den Herrn um mehr Offenbarung gebeten. Ich begriff immer noch sehr wenig und wusste doch, dass diese Verse wichtig waren, um die Zeit in der wir lebten zu verstehen.

Jesus sprach von vielen Zeichen, die vor dem Ende der Tage geschehen würden. Eines der Zeichen ist einzigartig für unsere Tage – Israel ist wieder in sein Land zurückgekehrt und Jerusalem steht wieder unter der Herrschaft der israelischen Nation.

Ich las das Kapitel noch einmal meinen eifrigen Studenten vor, als ich just in jenem Augenblick anfing, etwas zu sehen, was für unsere Tage gilt. Der Herr gab mir ein für alle Mal eine grundlegende Offenbarung für mein Verständnis der Zeiten.

Plötzlich wurden mir vier Verse auffallend klar. Lukas 21,20 spricht mit Sicherheit von den Armeen des Titus: „Wenn ihr aber Jerusalem von Heerscharen umzingelt seht, dann erkennt, dass seine Verwüstung nahe gekommen ist!“ Das römische Heer begann seine Angriffe auf Jerusalem im Jahre 68 n. Chr. und setzte sie bis zum Fall und der Zerstörung des Tempels im Jahre 70

n. Chr. fort. Jesus hatte über die Stadt und den Mangel an Aufnahmebereitschaft unter ihren Leitern geweint.

Vers 24 spricht von der Zerstreuung der Juden. „Sie [das jüdische Volk] werden fallen durch die Schärfe des Schwertes und gefangen weggeführt werden *unter alle Nationen*“ (Hervorhebung des Autors). Dies geschah genau so wie Jesus es angekündigt hatte. Viele Tausende starben während der Belagerung. Andere flohen aus der Stadt und kamen nie wieder. Man würde sie bald in jeder Nation der Welt finden. Manche kehrten ein paar Jahre später nach Jerusalem zurück, aber sie wurden während des Bar-Kochba-Aufstandes in den Jahren nach 130 wieder vertrieben.[1]

Nachdem die Römer die Kampagne Bar Kochbas erfolgreich niedergeschlagen hatten, wurde das jüdische Volk aus Jerusalem und Judäa verbannt. Obwohl es in den nachfolgenden Jahren Zeiten gab, in denen Juden erlaubt wurde, in der Stadt und im Land zu leben, gab es keine bedeutende jüdische Besiedelung mehr bis zu der beginnenden Einwanderung im 19. Jahrhundert. Es gab keinen jüdischen Staat bis zur Abstimmung der Vereinten Nationen im November 1947, die zur Gründung des modernen Staates Israel im Mai 1948 führte![2]

„Jerusalem wird zertreten werden von den Nationen ...“ sagt Jesus weiter in Vers 24. Und was für ein Zertreten das war! Römer, Byzantiner, Muslime, Kreuzritter, Türken, die Briten – alle haben ihre Zeit und ihren Raum in der Stadt Davids in Anspruch genommen, in diesem Land, das Abraham und seinen Nachkommen verheißen worden war.

„Bis die Zeiten der Nationen erfüllt sein werden!“ Ich hielt beim Lesen inne, ganz in Gedanken versunken. Welch seltsame Worte aus dem Munde des jüdischen Messias. Was hätte dies bloß für die Zuhörer in Jesu Tagen bedeutet? Das Land war mehr oder weniger seit Josuas Tagen in Israels Besitz gewesen. Sicher, einige wurden im Jahre 721 v. Chr. nach Assyrien verschleppt und sind nie zurückgekehrt. Andere waren im 6. Jahrhundert v. Chr. in Babylon 70 Jahre lang in Gefangenschaft. Aber sogar zu jenen Zeiten hatten immer Juden im Land gelebt.

Was immer Jesus mit den „Zeiten der Nationen“ meinte, eines war jedenfalls sicher: Israels Rückkehr nach Jerusalem war seltsam verknüpft mit diesen Worten in Lukas 21. Als ich noch las, verband sich die moderne Geschichte Israels mit der Schrift. Die Menschen, die heute in das Land zurückkehrten, waren Nachkommen derer, die ursprünglich die Worte gehört hatten, die ich gerade vorlas! Jesus hatte „bis" gesagt. Ich war plötzlich gewiss, dass dieses „bis" sich auf die jüngste Vergangenheit bezogt, als sich der Staat Israel im Juni 1967 gegen sechs angreifende arabische Nationen verteidigte und Jerusalem einnahm. Dies war die erste souveräne Besitznahme der Stadt Jerusalem seit 586 v. Chr., als der letzte jüdische König aus Davids Linie aus der Stadt vertrieben wurde.[3]

Ich vermerkte am Rand meiner Bibel „1967". Wenn diese Schriftstelle ihre Erfüllung in Israels Rückeroberung Jerusalems gefunden hatte, dann war auch der Ausdruck „die Zeiten der Nationen" von Bedeutung für unsere Generation.

Vor mir auf dem Boden saßen an jenem Tag nicht nur nichtjüdische Gläubige, sondern auch junge jüdische Gläubige, die Jeschua (Jesus), den Einen, der von Mose, Jesaja, Jeremia, Micha und den anderen Propheten verheißen worden war, angenommen hatten. Ich hatte von einem Zustrom jüdischer Gläubiger in nie gekanntem Maß seit dem 1. Jahrhundert gehört. Ich wusste, dass dies irgendwie von Bedeutung für unsere Tage war.

Ich las weiter. In Vers 28 sagte Jesus zu Seinen Zuhörern: „Wenn aber diese Dinge anfangen zu geschehen, so blickt auf und hebt eure Häupter empor, weil eure Erlösung naht."

Ich hatte dieses Aha-Erlebnis – diesen surrealen Augenblick, den auch die Menschen erlebten, als Jesus aus dem Jesaja-Text in Nazareths Synagoge vorlas. „Heute ist diese Schrift vor euren Ohren erfüllt", hatte Er gesagt (Lk. 4,21). Ich wollte meinen jungen auf dem Boden sitzenden Freunden und all den anderen, die mir seither zugehört haben, sagen: „Diese Schrift hat sich in diesen Tagen vor euch erfüllt!" Ich wollte wie Petrus am Pfingstmorgen ausrufen: „Dies ist es, was durch den Propheten Joel gesagt ist!" (siehe Apg. 2,16). Ich war dabei, das zu erleben, was Jesus verkündigt hatte!

Die Erfüllung von Lukas 21 hatte begonnen. Ich sah bereits den Anfang vom Ende. Ich war aufgerufen, aufzustehen und meinen Kopf zu erheben, denn unsere Erlösung ist nahe.

Aber was ist „nahe“? Ich weiß es nicht. Der Herr betrachtet Zeit nicht wie wir es tun. „Nahe“ mag noch viele Jahre bedeuten, es kann aber auch schon morgen sein.

Der letzte Vers, der mir auffiel, war Vers 32. „Wahrlich, ich sage euch, dass dieses Geschlecht *nicht* vergehen wird, bis alles geschehen ist.“ Welche Generation? Die Generation zur Zeit Jesu? Nein, das kann nicht sein, weil jene Generation schon lange gegangen ist. Die Generation, welche die Erfüllung dieser Dinge zu sehen beginnt? Ich denke ja.

Aber wie lange dauert eine Generation? Ich habe auch keine definitive Antwort auf diese Frage. Der Herr führte Israel 40 Jahre durch die Wüste und nannte sie eine Generation. Dennoch sagte Er zu Mose, dass die Israeliten „in der vierten Generation“ in das Verheißene Land zurückkehren würden (1. Mo. 15,16). Diese Rückkehr brauchte 400 Jahre. Eine Generation könnte also auch 100 Jahre betragen. Alles, was ich mit Sicherheit sagen kann, ist, dass Er verhieß, dass all diese Dinge geschehen würden, und ich glaube Ihm.

Zeichen seines Kommens

Einen Moment mal, mögen Sie vielleicht sagen. Wir sollen uns doch um das Datum der Wiederkunft keine großen Gedanken machen, oder? Sagte Jesus nicht selbst: „Von jenem Tage aber und jener Stunde weiß niemand, auch nicht die Engel in den Himmeln, auch nicht der Sohn, sondern der Vater allein“ (Mt. 24,36)? Hat es nicht schon Hunderte von Prognosen gegeben, die sich alle als falsch erwiesen haben? Sagte nicht Jesus selbst, dass Er wie ein Dieb in der Nacht wiederkommen würde? Sollen wir nicht in ständiger Bereitschaft leben?

Ja und nein.

Nein, wir sollen nicht im Unklaren über die Zeitzusammenhänge bleiben. Jesus schalt die Führer Seiner Tage dafür, dass sie die Zeiten nicht beurteilten (siehe Mt. 16,3). „*Ihr* aber ... seid nicht in Finsternis, dass euch der Tag wie ein Dieb ergreife“, ermahnte Paulus die Thessalonicher (1. Thes. 5,4). „Wie die

Tage Noahs, so wird auch die Ankunft des Sohnes des Menschen sein" (Mt. 24,37).

Wie war es in den Tagen Noahs? Noah, der von Gott gewarnt worden war, war nicht überrascht, als der Regen kam. Er und seine Familie wussten, dass sie in einer Zeit nahenden Gerichtes lebten. Auch wenn sie nie zuvor eine Flut erlebt hatten, war die Arche fertig gebaut und bereit. Die Tiere kamen nach und nach. Sie wussten, dass die Zeit nahe war.

Laut der Ermahnung des Paulus an die Thessalonicher wird es das „Volk" sein, das sagt „Friede und Sicherheit". Ungläubige haben ein falsches Gefühl der Sicherheit, aber Gläubige nicht. „Dann kommt ein plötzliches Verderben über sie" – eine Aussage, die durch die lebhafte Illustration des Paulus wirklich plastisch wird – „*wie die Geburtswehen über die Schwangere*" (1. Thes. 5,3; Hervorhebung des Autors).

Geburtswehen kommen für eine Schwangere nicht überraschend. Sie hat sie neun Monate lang erwartet. Sie kennt immer noch nicht die Stunde oder den Tag der Geburt ihres Kindes, sie weiß nicht einmal, wann die Schmerzen einsetzen werden. Aber sie weiß, dass ihre Zeit nahe ist. So wird es mit dem Kommen des Menschensohnes sein.

Jesus sprach von vielen Zeichen, die in den Jahrhunderten vor dem Ende der Zeiten auftreten würden. Die meisten dieser Zeichen sind in jeder Generation vorgekommen: Überschwemmungen, Hungersnöte, Seuchen. Sie werden vielleicht immer häufiger, aber sie sind nicht neu. Sie allein sind keine ausreichenden Hinweise für die Zeit, in der wir heute leben.

Paulus schrieb Timotheus, dass die Endzeit eine Periode ausgeprägter Gewalttätigkeit, ziviler und familiärer Unruhe und zunehmender Süchte (Mangel an Selbstbeherrschung) einläuten würde, eine Zeit, in der die ganze Welt dem Vergnügen nachjagt. Selbst der Leib Christi würde „eine Form der Gottseligkeit haben, deren Kraft aber verleugnen" (siehe 2. Tim. 3,1-5). Diese Zeichen sind auch schon in früheren Generationen aufgetreten.

Eines der Zeichen ist einzigartig für unsere Tage. Israel ist in sein Land zurückgekehrt, und Jerusalem ist wieder unter der Herrschaft der Nation Israel, so wie die Propheten und Jesus dies vorausgesagt hatten.

Als Jesus den Fall Jerusalems vorhersagte, weinte Er über die Stadt:

> Jerusalem, Jerusalem, die da tötet die Propheten und steinigt, die zu ihr gesandt sind! Wie oft habe ich deine Kinder versammeln wollen, wie eine Henne ihre Küken versammelt unter ihre Flügel, und ihr habt nicht gewollt! ... Ich sage euch: Ihr werdet mich von jetzt an *nicht* sehen, bis ihr sprecht: „Gepriesen sei, der da kommt im Namen des Herrn!“ (Mt. 23,37,39)

Dieses Wort wurde nicht zu den Heiden gesprochen. Es wurde zu Jesu Blutsverwandten, zu Israel, gesagt. Er würde nicht wiederkommen, bis das jüdische Volk bereit wäre, Ihn zu empfangen. Mit den Augen des Glaubens können wir erkennen, dass diese Zeit naht.

Erst diese Woche erhielt ich einen Brief von einem meiner jüdischen Brüder in Jerusalem, der schrieb: „Mehr und mehr von uns in Jerusalem und in Israel schreien zum Herrn: ‚Gepriesen sei, der da kommt im Namen des Herrn!‘“

Vor nicht allzu langer Zeit stand ich persönlich zusammen mit einer Reihe jüdischer Gläubiger auf dem Ölberg, die in den Himmel hinaufschauten und beteten: „Gesegnet bist Du, o Herr! Der Du kamst und der Du kommen wirst im Namen des Herrn!“

Keine Generation seit dem ersten Jahrhundert hat solch einen rasant wachsenden Leib jüdischer Gläubiger sowohl im Land als auch in den Nationen erlebt. Dieses „bis“, das Jesus aussprach, als Er an jenem Tag kurz vor seinem Tod über Jerusalem blickte, kommt immer näher. Wir erleben Juden, die bereit sind, ihren Messias anzunehmen – Juden, die bereit sind zu sagen: „Gepriesen sei, der da kommt im Namen des Herrn!“

Machen Sie sich mit mir auf den Weg, um einige Wahrheiten zu betrachten, die ich seit jenem Tag in der Klasse junger jüdischer und nichtjüdischer Gläubiger der Hippie/Jesus-Bewegung entdeckt habe. Lassen Sie mich Ihnen von anderen Prophetien erzählen, die sich vor uns entfalten – Worte, die von den Propheten verfasst wurden, die sich auf unsere Tage freuten.

Wenn Sie in Frage stellen, was ich hier sage, dann nehmen Sie „meine“ Bibelstellen und überprüfen Sie diese selbst. Schlagen Sie Ihre Bibel auf und lesen Sie darin. Lassen Sie Ihre vorgefasste Meinung über die biblischen Berichte hinter sich. Lassen Sie den Herrn zu sich sprechen. Beten Sie um Offenbarung. Streben Sie nach Weisheit. Seien Sie bereit, sich verändern zu lassen!

Mein eigener Blick wird schärfer. Gottes Herz für das jüdische Volk muss auch mein Herz für es sein. Wenn unsere Herzen sich der Sehnsucht öffnen, die Er nach dieser besonders berufenen Familie hat, dann werden Sie und ich uns unter dem uralten Segen Abrahams wiederfinden, und unser Geist wird aufmerksam werden für die globalen Zeichen der bevorstehenden Wiederkunft des Messias, der Seine Kinder zu sich sammeln wird – Juden wie Heiden.

Anmerkungen

1. Im Jahre 132 n. Chr. fand eine Revolte gegen die Römer statt, nachdem der römische Kaiser Hadrian eine neue Stadt innerhalb von Jerusalem aufgebaut und dort einen Tempel für Jupiter errichtet hatte. Der Bar-Kochba-Aufstand erhielt seinen Namen von Simeon bar Koseva, der später Kochba genannt und von einigen für den Messias gehalten wurde. Er vertrieb die Römer. Die Bezeichnung *Kochba* war eine Anspielung auf 4. Mo. 24,17, eine Stelle, die sich auf den „Stern“ bezieht, der aus Juda kommen soll, und als Hinweis auf den Messias gilt. Der Aufstand konnte sich nicht lange halten und endete mit einem Sieg der Römer im Jahre 134 n. Chr. („Bar Kochba“ und „Der Bar-Kochba-Aufstand“, *Encyclopaedia Judaica* [Jerusalem: Judaica Multimedia, 1997], CD-ROM.)
2. Wenn diese Abstimmung heute stattfinden würde, wäre es sehr schwierig, eine einzige Nation zu finden, die Israels Staatlichkeit zustimmen würde. Sogar die Vereinigten Staaten üben Druck auf Israel aus, Frieden mit Nationen zu schließen, die geschworen haben, es ins Meer zu treiben.
3. Es gab eine kurze Periode im Jahre 164 v. Chr., als Judas Makkabäus und seine Armee Jerusalem kontrollierten, aber es war nur eine Frage der Zeit, dass die Römer zurückkehren würden.

Kapitel 2

Der „größere Reichtum“ der weltweiten Erweckung

Wenn aber ihr Fall der Reichtum der Welt ist und ihr Verlust der Reichtum der Nationen, wie viel mehr ihre Vollzahl!

Römer 11,12

Ich war nach meiner Offenbarung über Lukas 21 nie mehr derselbe. Obwohl ich weiter mein Amt als Pastor einer Gemeinde versah, schenkte ich jüdischen Themen viel Aufmerksamkeit. Ich las jedes Buch, jede Zeitung und Zeitschrift, die ich zu diesem Thema finden konnte. Israel war damals, wie heute auch, beinahe täglich in den Abendnachrichten zu sehen. Mein Herz wurde unwiderstehlich zu dem jüdischen Volk hingezogen. Manchmal überwältigte mich eine Trauer für dieses Volk, das den Zorn der Nationen so viele Jahrhunderte lang ertragen hatte. All meine Studien vieler Bibelstellen sowohl im Alten als auch im Neuen Bund trieben mich dazu, alle Daten aus dieser Perspektive zu beleuchten.

Es wird gesagt, dass über die Hälfte aller Menschen, die seit den Tagen Adams und Evas auf Erden geboren wurden, heute leben. Neueste Zahlen weisen darauf hin, dass jeder fünfte davon gläubig ist – das sind heute mehr Gläubige, als es jemals zuvor gab.[1]

Millionen von Menschen auf jedem Kontinent kommen zum Glauben – das ist die größte Erweckung der Weltgeschichte!

80 Millionen Chinesen sind beispielsweise heute Christen. Manche schätzen, dass ihre Zahl sich sogar auf 150 Millionen beläuft. Laut JMEMs (Jugend mit einer Mission) jüngsten Zah-

len kommen stündlich 1.200 Menschen zum Glauben.[2] Das sind über 10 Millionen im Jahr. Vor fünfzig Jahren gab es nicht mehr als 1 Million Gläubige in jenem weitläufigen Land. Wieso? Wie können wir solch ein dramatisches Wachstum bei der Ernte der Seelen erklären?

Im Jahre 1948, als der israelische Staat ins Leben gerufen wurde, geriet China mit seiner Million Gläubigen gerade unter kommunistische Herrschaft. Pastoren und Leiter wurden gefangen genommen oder umgebracht und Kirchengebäude zerstört. Die Kirche war gezwungen, in den Untergrund zu gehen. Aber die Kirche ging nicht zugrunde. In Israels Jubeljahr, 50 Jahre später, als es Menschen aus dem Westen möglich war, die Untergrundkirche zu kontaktieren, fanden sie eine blühende Glaubensgemeinschaft mit 80 Millionen, die ihr angehörten. Das allein ist ein Wachstum von 8000 Prozent! Welche Verbindung gibt es zwischen dieser erstaunlichen Statistik und dem jüdischen Volk?

Robert Leighton, ein Puritaner des 17. Jahrhunderts, begann, diese Verbindung zu verstehen. Er schrieb:

> Diejenigen, die nicht täglich für die Bekehrung der Juden beten, vergessen einen wichtigen Punkt für die Herrlichkeit der Kirche. Zweifellos wird das Volk der Juden noch einmal das Gebot hören: mache dich auf und werde licht, und ihre Umkehr wird der „Reichtum der Nationen“ sein, und dies wird eine herrlichere Zeit sein, als die Kirche Gottes jemals zuvor erlebt hat![3]

Diese Worte, die vor mehr als 350 Jahren geschrieben wurden, enthielten in der damaligen Zeit einen revolutionären Gedanken. 17 Jahrhunderte lang hatte die Kirche angenommen, dass Gott mit Israel am Ende sei und dass die Kirche ihre Stelle eingenommen habe. Die christliche Kirche sei jetzt Empfänger all der Verheißungen, die zuvor Israel gegolten hatten.

Leighton muss wohl den „jüdischen Abschnitt“ des Römerbriefes (Kapitel 9-11) gelesen haben, als er auf eine Reihe einschneidender Fragen traf, die Paulus formuliert hatte: „Hat Gott etwa sein Volk verstoßen?“ (11,1). „Sind sie etwa gestrauchelt, damit sie fallen sollten?“ (V. 11). „Wenn aber ihr Fall der Reichtum der Welt ist und ihr Verlust der Reichtum der Nationen, wie viel mehr ihre Vollzahl!“ (V. 12). „Denn wenn ihre Verwerfung die Versöhnung der Welt ist, was wird die Annahme anders sein als Leben aus den Toten?“ (V. 15).

Einen Moment mal, muss Robert Leighton gedacht haben. Gott ist mit den Juden noch nicht am Ende! Sie werden zurück kommen. Und wenn sie dies tun, dann wird dies laut Paulus die größte Ernte an Seelen einbringen, welche die Welt je gesehen hat! Wie viel mehr Reichtum! Leben aus den Toten!

Leighton verstand Paulus so, dass eine weltweite Erweckung unter den Nationen mit Israels Rückkehr in sein Land und zu dem Herrn gleichkommen würde. Robert Leighton sah prophetisch, was unsere Generation gerade erlebt.

Vorausschau

Robert Leighton war nicht die einzige prophetische Stimme vergangener Jahrhunderte, welche die physische und geistliche Wiederherstellung Israels vorhersagte. Schon 1560 erkannten einige große englische und schottische protestantische Leiter, von denen die Genfer Bibel stammt, dass Gottes Berufung für Israel sich noch erfüllen müsse. Diese Männer schrieben in den Randnotizen zu Römer 11,15,25: „Er zeigt, dass die Zeit kommen wird, da die ganze Nation der Juden, wenn auch nicht jeder einzelne, zu der Kirche Christi hinzugefügt werden wird.“[4]

1649 predigte John Owen vor dem britischen Unterhaus und sagte eine Zeit voraus, in der „dies alte Volk mit der Fülle der Nationen eins würde ... als Antwort auf Millionen Gebete ... Es gibt an keiner Stelle irgendeine Verheißung, dass dem Herrn Jesus Christus ein Reich in dieser Welt errichtet wird, aber es ist entweder klar ausgedrückt oder ein Hinweis vorhanden, dass sein Anfang mit den Juden sein muss.“[5]

1839 bereiste Robert Murray M’Cheyne, ein schottischer Presbyterianer, „Palästina“ und hielt nach seiner Rückkehr nach Hause eine Predigt, die auf Römer 1,16 basiert: „Denn ich schäme mich des Evangeliums nicht, ist es doch Gottes Kraft zum Heil jedem Glaubenden, sowohl dem Juden zuerst als auch dem Griechen."

Charles Simeon, von 1782 bis 1836 Prediger in Cambridge, ließ sich einmal von der Zukunft der Juden so hinreißen, dass, als ihm ein Freund folgende Frage schrieb: „Sechs Millionen Juden und sechshundert Millionen Heiden – was ist wichtiger?", er sofort zurück kritzelte: „Wenn die Bekehrung der sechs Leben aus den Toten für die sechshundert bedeutet, was dann?"[6]

„Das große Ereignis der Hinkehr Israels zu Gott in Christus, und Seine zu Israel", sagte Bischof Handley C. G. Moule, Ehrenkaplan der Königin von England von 1898 bis 1901, „wird das Signal und das Mittel für eine immense Zunahme des geistlichen Lebens der weltweiten Kirche und für eine nie da gewesene Sammlung wiedergeborener Seelen aus der Welt sein."[7]

Andrew Bonar (19. Jahrhundert) hielt Israel für die „ewige Nation", die Leben aus den Toten für alle Nationen bedeutet.[8] Graf Zinzendorf, der geistliche Leiter der Herrenhuter Brüdergemeinde im 18. Jahrhundert, erwartete erst dann eine vollzählige Bekehrung vieler Stammesvölker, wenn das jüdische Volk zum Herrn umgekehrt wäre.[9]

Der große englische Ausleger C. H. Spurgeon schrieb: „Ich glaube, wir messen der Wiederherstellung der Juden nicht genügend Wichtigkeit bei ... Aber wenn es irgendeine Verheißung in der Bibel gibt, dann ist es gewisslich diese ... Der Tag wird noch kommen, wenn die Juden, welche die ersten Apostel der Heiden und die ersten Missionare für uns, die wir so weit entfernt standen, waren, wieder versammelt werden. Bis es soweit ist, kann die Kirche niemals die Fülle ihrer Herrlichkeit erlangen. Unvergleichliche Segnungen für die Welt sind an die Wiederherstellung Israels geknüpft, ihre Sammlung wird sein wie Leben aus den Toten."[10]

Diese und andere Männer und Frauen vergangener Generationen verstanden, dass Römer 11 auf eine Zeit hindeutete, wenn die Nation Israel wieder gegründet und eine große Anzahl jüdischer Menschen anfangen würde, den Herrn anzunehmen, und zur gleichen Zeit eine riesige Erweckung die ganze Welt erfassen würde.

Sie sahen damals im Geist, was sich heute auf der Erde manifestiert.

Die jüdische Heimkehr und die weltweite Erweckung

Das jüdische Volk begann im 19. Jahrhundert, in größerer Zahl nach Israel zurückzukehren, und immer noch immigrieren sie jährlich zu Zehntausenden. Die Zahl der messianisch-jüdischen Gläubigen und Gemeinden nimmt schnell zu. Und die Welt erlebt die größte geistliche Erweckung ihrer Geschichte. Bei Paulus (und jenen Bibelauslegern vergangener Generationen) sind diese Tatsachen unveränderbar miteinander verbunden: Israels physische wie geistliche Heimkehr und die weltweite Erweckung. Sehen Sie selbst, wie die Ereignisse sich darstellen.

Bei 70 Prozent des jüdischen Volkes, die seit der Entstehung des Zionismus zum Glauben kamen, oder über 50 Prozent derer, die jemals zum Glauben kamen, geschah dies seit der Staatsgründung Israels im Jahre 1948.

Bei 70 Prozent all derer, die zum Glauben an Jesus gefunden haben, geschah dies seit der Ersten Zionistischen Konferenz in Basel in der Schweiz im Jahre 1897. Zur Entstehungszeit des Zionismus – einer Bewegung, die das Recht des jüdischen Volkes auf sein Land voranbrachte – betrug das Verhältnis zwischen Gläubigen und Ungläubigen 1 zu 27; heute liegt diese Zahl bei 1 zu 5.

Bei 70 Prozent all jener, die seit der Entstehung des Zionismus zum Glauben kamen, oder 50 Prozent all jener, die jemals zum Glauben kamen, geschah dies seit der Staatsgründung Israels im Jahre 1948. Laut Ralph Winter und dem Zentrum für Weltmission in Pasadena, Kalifornien, wächst die Zahl evangelikaler Gläubiger 3,5-mal schneller als die Weltbevölkerung.

Während zu der Zeit, als der Zionismus ins Leben gerufen wurde, nur 3 Prozent der Afrikaner sich selbst als Christen bezeichneten, identifizieren sich heute über 50 Prozent mit dem christlichen Glauben. Südkorea war 1897 nur zu 1 Prozent christlich, heute aber nähern sie sich 40 Prozent. Die größte Kirche der

Welt ist die Kirche des Vollen Evangeliums in Seoul, Korea, mit über 700.000 Mitgliedern.

In Indien gibt es heute 103 Millionen Gläubige und alle sieben Minuten wird unter den Hindus eine neue Kirche ins Leben gerufen.

Seit 1980 sind mehr Moslems zum Glauben an Jesus gekommen als in den gesamten 1000 Jahren davor. Statistiken der Lausanne Taskforce on Evangelism belegen, dass im Vergleich zu den 3,2 Prozent jährlicher Wachstumsrate des Islam, der Glaube an Jesus weltweit mit einer jährlichen Rate von 6,9 Prozent zunimmt.

In Indonesien sind jetzt schätzungsweise 20 Prozent der Bevölkerung Christen.

Denken Sie auch an die Geburt der modernen Pfingstbewegung (die Wiederentdeckung des Werkes des Heiligen Geistes) und die Geburt des Zionismus – die Bewegung zur Wiedergründung des Staates Israel – die beide um die Jahrhundertwende stattfanden. Die Latter Rain-Erweckung, der große Heilungsdienst, der vor 50 Jahren die Welt erfasste, trat fast zeitgleich mit dem Entstehen des Staates Israel im Jahre 1948 auf. Der Sechstagekrieg von 1967, in dem Israel Jerusalem zurückeroberte, ist seltsamerweise dasselbe Jahr, in dem die Jesus People-Bewegung entstand, durch die so viele junge jüdische Menschen zum Glauben an Jesus / Jeschua als Messias Israels fanden.

Diese große weltweite Bewegung ist nicht durch eine Missionsorganisation allein entzündet worden; es ist das Werk des einmütigen Gottesvolkes. Der Psalmist sprach von dem Segen, der kommen würde, wenn die Familie des Herrn „einträchtig beieinander“ wohnt (133,1). Jesus selbst betete für die Einheit der Gläubigen, damit die zusehende Welt zum Glauben finden möge (vgl. Joh. 17,21-23). Die Verheißung des Psalmisten und Jesu Gebet tragen langsam Früchte. Diese Erweckung der Nationen kommt durch die einmütigen Bemühungen von Menschen aus den meisten großen christlichen Gruppierungen.

Zu der AD2000-Bewegung zur Evangelisierung jeder Nation und jeder unerreichten Volksgruppe der Welt zählen sich heute Menschen aus jeder Konfession. Sie wird begleitet von der größten Gebetsbewegung, die es jemals in der Geschichte gegeben hat. Es beteiligen sich schätzungsweise 30 Millionen Christen an Gebetsbewegungen, deren Einheit oft durch das Internet und durch das gemeinsame Gebet für dieselbe Volksgruppe am selben Tag unterstützt wird. Es gibt Gebetsberge in Korea und Gebetszentren auf der ganzen Welt.

Bill Bright von Campus für Christus glaubt, dass der Herr ihm gezeigt hat, dass 2 Millionen Menschen 40 Tage fasten werden, um die weltweite Ernte einzubringen.[11] Ganze Stadien füllen sich mit Anbetern. Zellgruppen und Hauskirchen blühen auf. Globale Versöhnungsbewegungen einen die Gläubigen. Missionsagenturen verschiedener Denominationen arbeiten mit parakirchlichen Diensten zusammen, um den Auftrag zu Ende zu führen. In alledem und trotz unserer bestehenden Schwächen gibt es heute innerhalb der Kirche eine größere Nähe und eine größere Leidenschaft für die Verlorenen als es die Welt jemals zuvor erlebt hat.

Dieses Wachstum ist beispiellos in der Geschichte des Glaubens und läuft in etwa parallel zu der physischen Wiederherstellung Israels in seinem Land und der Erstlingsernte der an Jesus gläubigen Juden. Es bedeutet wahrlich Leben aus den Toten für Millionen und einen größeren Reichtum für die ganze Welt, so wie Leighton, Owen, M'Cheyne, Simeon, Moule, Bonar und andere sich das gedacht hatten. Genau so, wie auch der Apostel Paulus es erwartet hatte!

Zeichen und Wunder

Wie im ersten Jahrhundert, so ist Vieles an der Ernte des 20. Jahrhunderts dem souveränen Eingreifen des Herrn durch Zeichen, Heilungen, Engelsvisitationen und andere Wunder zuzuschreiben. Christliche Buchläden sind voll von Büchern und Zeitschriften, die jene Phänomene bestätigen.

Ein baptistischer Missionar im Jemen erzählt von muslimischen Stammesangehörigen, die Träume vom Sohn Gottes erhielten und in die Hauptstadt reisten, um Christen zu finden, die ihnen mehr über diesen Mann erklären könnten, „der sich selbst Jesus Christus nennt".[12]

In Indien hatte eine blinde Frau namens Madu vom Jesus-Film gehört. Aus ihren spärlichen Kenntnissen der Schrift erinnerte sich Madu an einen blinden Mann mit Namen Bartimäus, der um Erbarmen gefleht hatte und geheilt wurde. *Wirkt der Gott Jesu wirklich Wunder?* überlegte sie still. Als sie in den Schlaf sank, murmelte sie: „Ich bin eine arme Frau, auch ich brauche Hilfe."

In der Frühe des nächsten Morgens wurde die ganze Familie von Madus lautem Aufschrei geweckt. Als sie an ihr Bett kamen, jubelte die Frau aus vollem Herzen. „Ich kann sehen! Ich kann sehen!" rief sie. Das Wort von Jesus, der heilen kann, erreichte die umliegenden Dörfer und viele wurden gläubig.[13]

1983 begann der Herr in einem nordafrikanischen Dorf, das fast 250 Kilometer von Algier entfernt ist, in einem Haus nach dem anderen zu wirken, indem er durch Visionen, Träume und Engelsvisitationen kommunizierte. Er hörte nicht eher auf bis jedes einzelne Mitglied dieser muslimischen Gemeinschaft Ihn kennen gelernt hatte. Bei Tagesanbruch begannen die Dorfbewohner ihre Geschichten zu erzählen. In den darauffolgenden Tagen und Wochen wurden 400 bis 450 Dorfbewohner an Jesus als den Messias gläubig. Als Missionare die Geschichte dieses Dorfes zu erforschen begannen, fanden sie heraus, dass vor über 500 Jahren ein spanischer Missionar aus Mallorca an genau jenem Ort zu Tode gesteinigt worden war. Jener Missionar, Raymond Lull, hatte geschrieben, dass islamische Festungen am besten „durch Liebe und Gebete und das Vergießen von Tränen und Blut" eingenommen werden.[14]

Missionare, die zu den Fali in Nordafrika kamen, wurden mit der Frage begrüßt: „Seid ihr die Botschafter, die gesandt sind, um uns von der Ankunft des Sohnes Gottes zu berichten?" Hunderte von Jahren hatten diese Menschen an dem Glauben festgehalten, dass Gott eines Tages einen Sohn haben würde, der Botschafter senden würde, um ihnen davon zu berichten. Wenn sie diese Nachricht erhielten, würden sie wissen, dass das Ende der Welt nahe gekommen sei.

In Mosambik gab eine alte Frau, die verkrüppelt, deformiert und taub war, ihr Leben dem Herrn und wurde durch ein Wunder geheilt. Soweit bekannt, war sie die erste, die sich in jener Gegend bekehrte. Über 50.000 Menschen sind bei der diesem Ereignis folgenden Ernte zum Herrn gekommen.[16]

Leben aus den Toten! Wie viel mehr Reichtum! Jesus sagte: „Und dieses Evangelium des Reiches wird gepredigt werden auf dem ganzen Erdkreis, allen Nationen zu einem Zeugnis“ (Mt. 24,14).

Wenn Robert Leighton, John Owen und die anderen mit ihrer Sicht von Römer 11,12 und 15 Recht hatten – und wenn wir die Hinweise unserer Zeit betrachten, dann hatten sie es – dann steht die größte weltweite Erweckung von Juden wie Heiden unmittelbar bevor. Diese große weltweite Erweckung hat gerade erst begonnen. Das Volk, das erwählt worden war, Licht in die ganze Welt zu bringen, wird seine Bestimmung erfüllen. Diese Nation von Priestern, die andere gesegnet haben, wird noch in ihre größte Segenszeit eintreten.

Anmerkungen

1. Diese und alle anderen in diesem Kapitel zitierten Statistiken stammen aus Artikeln über Weltevangelisation in den Ausgaben Januar 1993, Januar 1996 und Januar 1999 der Zeitschrift *Charisma*; von Bill und Amy Stearns, *Catch the Vision 2000* (Minneapolis, MN: Bethany House Publishers, 1991); und aus einem Referat von Loren Cunningham (Gründer und jahrelanger Direktor von Jugend mit einer Mission) einer MorningStar-Konferenz in Charlotte, North Carolina, herausgegeben als MorningStar-Lehrkassette des Monats Juni 1998. Loren Cunningham verwendet Statistiken der Lausanne Taskforce.
2. Floyd McClung, Hrsg., *Light the Window: Praying Through the Nations of the 10/40 Window* (Seattle: WA: YWAM Publishing, 1999), S. 98
3. Iain H. Murray, *The Puritan Hope: A Study in Revival and the Interpretation of Prophecy* (1971; Neuauflage, Carlisle, PA: Banner of Truth, 1998), S. 75
4. Ebd., S. 72
5. Ebd., S. 100
6. Ebd., S. 155
7. Handley C. G. Moule, Hrsg., “The Epistle of St. Paul to the Romans”, *Expositor's Bible, A Complete Exposition of the Bible in Six Volumes with Index*, Bd. 5 (Grand Rapids, MI: Wm. B. Eerd-

mans Publishing Co., 1956), S. 590, zitiert in Michael Brown, *Our Hands Are Stained with Blood* (Shippensburg, PA: Destiny Image Publishers, 1992), S. 25

8. Andrew Bonar, *Memoir and Remains of Robert Murray M'Cheyne* (1844; Neuauflage, Carlisle, PA: The Banner of Truth Trust, 1995), S. 192
9. John R. Weinlick, Count Zinzendorf: *The Story of His Life and Leadership in the Renewed Moravian Church* (Nashville: Abingdon Press, 1956; Bethlehem, PA: The Moravian Church in America, 1984), S. 100
10. C. H. Spurgeon, zitiert in Murray, *The Puritan Hope*, S. 256
11. Bill Bright, *The Coming Revival: America's Call to Fast, Pray and Seek God's Face* (Orlando, FL: Newlife Publications, 1995)
12. Howard Folz, "The Unfinished Task of World Evangelism", *Charisma* (Januar 1999), S. 50
13. John Lindner, "India: Reaching Hidden People", *Charisma* (Januar 2000), S. 66
14. George Otis, Jr., *The Last of the Giants* (Tarrytown, NY: Fleming H. Revell, 1991), S. 157 u. 158
15. Folz, "The Unfinished Task", S. 47
16. Ebd., S. 49

Kapitel 3

Israel – Eine Nation von Priestern

Ihr sollt mir ein Königreich von Priestern und eine heilige Nation sein.

2. Mo. 19,6

Martha und ich hatten von Corrie ten Boom gehört und von der Entschlossenheit dieser niederländischen Frau gelesen, dem jüdischen Volk während der Terrorherrschaft der Nazis in Europa Unterschlupf zu geben. Als der Film *Die Zuflucht* über Corries Lebensgeschichte in die Kinos kam, schauten auch wir ihn uns an. Der Film war zu Ende und wir waren emotional so überwältigt, dass wir kaum aus unseren Sitzen aufstehen konnten. Wir verließen schweigend das Kino und fuhren nach Hause. Als wir dort ankamen, zogen wir uns beide in getrennte Zimmer zurück und weinten, bis wir wieder in der Verfassung waren, das, was uns gerade passiert war, zu verarbeiten.

Das war Gottes Volk, die nächsten Blutsverwandten unseres Herrn. Welch ein Wunder, dass überhaupt noch einer von ihnen am Leben war! Und dass sie ihre nationale Identität 2000 Jahre lang ohne Heimat aufrecht erhalten hatten? Unmöglich! Außer dass Gott sie durch ein Wunder bewahrt hatte.

In einer weitgehend antisemitischen Welt hatten die Vereinten Nationen vor nur 50 Jahren mit Zwei-Drittel-Mehrheit dafür gestimmt, dass es sein angestammtes Heimatland für die Wiedererrichtung eines modernen israelischen Staates nutzen darf. Dies wäre ein Jahr früher oder ein Jahr später nicht passiert. Gott wählte einen eng begrenzten günstigen Zeitraum, um die Worte der Propheten zur Erfüllung zu bringen.

Eine Sache unterscheidet dieses Volk von allen anderen Familien auf Erden: Gott wählte sie als eine Nation von Priestern für die Welt. „Dann sollt ihr aus allen Völkern mein Eigentum sein; denn mir gehört die ganze Erde", sagte Er zu Mose, als Er die Israeliten aus der ägyptischen Sklaverei durch die Wüste führte (2. Mo. 19,5,6). Nun sollte Israel für alle Nationen Gott repräsentieren, bis „alle Enden der Erde sehen die Rettung unseres Gottes" (Jes. 52,10).

Aber es würde nicht leicht sein, dieses flügge werdende Volk vom Götzendienst abzuhalten. Selbst in dem Moment, als Mose gerade Gottes Anweisungen für sie empfing, wandten sie sich heidnischen Praktiken zu, als er zu lange auf dem Berg blieb. Das Volk wollte Götter wie jene, die sie in Ägypten gekannt hatten – Götter, die sie sehen und anfassen konnten. Aaron probierte es mit einem Kompromiss. Er nahm ihr Gold, goss es in ein goldenes Kalb und erklärte: „Ein Fest für den HERRN ist morgen!" Mit anderen Worten: „Lasst uns Gott in Form dieses goldenen Kalbes anbeten!" Es funktionierte nicht. Der Herr wollte diesen Kompromiss nicht annehmen. 3000 Israeliten starben an einem einzigen Tag (siehe 2. Mo. 32,1-5,28).

Die Nationen der Welt beten ihre vielen Götter an, aber nur Israel und jeder religiöse Glaube, der aus jüdischen Wurzeln entstanden ist, bleibt dabei: „Der HERR ist unser Gott, der HERR allein."

Als Mose endlich mit den Geboten Gottes vom Berg herabkam, hatten die ersten drei Gebote mit Israels Treue zum Herrn zu tun. „Du sollst keine andern Götter haben neben mir. Du sollst dir kein Götterbild machen . . . Du sollst den Namen des HERRN, deines Gottes, nicht zu Nichtigem aussprechen" (2. Mo. 20,3, 4,7).

Diese wesentliche Treue zu dem einen wahren Gott wurde zum Eckstein des jüdischen Glaubens und wird immer noch zweimal täglich von den gesetzestreuen Juden, und wöchentlich in jeder Synagoge der Welt mit den Worten des Schema ausgedrückt: „Höre, Israel: Der HERR ist unser Gott, der HERR allein!" (5. Mo. 6,4).

Israel sollte eine ausgesonderte Nation bleiben. Aus diesem Grund wurden Mischehen verboten. Sogar Salomo mit all seiner Weisheit wurde von seinen ausländischen Ehefrauen mit ihren fremden Göttern verführt. Es war der Götzendienst, der letztlich das Schicksal des Nord- und auch des Südreiches besiegelte.

Jesaja sprach prophetisch für YHWH, diesen Gott, dessen Name für den Großteil des jüdischen Volkes so heilig ist, dass sie nie versuchen würden, ihn auszusprechen, als er klagte: „Ich habe Kinder großgezogen und auferzogen, sie aber haben mit mir gebrochen" (Jes. 1,2). Das ist Gott, der um Seine verlorenen und eigensinnigen Kinder trauert!

Diese Einzigartigkeit des einen wahren Gottes – Sein Bestehen auf ihre Treue zu Ihm allein – das war Israels Herausforderung. Die Kanaaniter, die Ägypter, die Griechen und die Römer widerstanden Israels Gott so lange nicht, wie Er nur einer von vielen war. Aber Gott hatte klar geboten: „Keine anderen Götter". Israel war ausgesondert, um Ihn allein anzubeten und den Glauben an Ihn aufrecht zu erhalten.

Die Nationen der Welt beten ihre vielen Götter an, aber nur Israel und jeder religiöse Glaube, der aus jüdischen Wurzeln entstanden ist, bleibt dabei: „Der HERR ist unser Gott, der HERR allein."

Ein Gott, der ruht

Das vierte Gebot, das Mose von seiner Begegnung mit dem Herrn auf dem Berg mitbrachte, legte einen spezifischen Wochentag für die Anbetung fest:

> Denke an den Sabbattag, um ihn heilig zu halten. Sechs Tage sollst du arbeiten und all deine Arbeit tun, aber der siebte Tag ist Sabbat für den HERRN, deinen Gott ... Denn in sechs Tagen hat der HERR den Himmel und die Erde gemacht ... und er ruhte am siebten Tag (2. Mo. 20,8-11).

Was für ein neuer Gedanke! Ein Gott, der das Ruhen unterstützte. Ein Gott, der Sein Volk nicht versklavte. Keine Nation hatte je solch einen Gott gekannt. Indem die jüdische Familie einen wöchentlichen Sabbat einhielt, würde sie für alle Zeiten die Tugenden eines Gottes verkünden, der für Sein Volk sorgt. Wirtschaftliche Erfordernisse sollten nicht die entscheidenden Faktoren in ihrem Leben sein. Wenn sie Seinen Geboten gegenüber gehorsam leben würden, würde Er sie in sechs Tagen so ausreichend versorgen, dass sie am siebten ruhen konnten.

Israels Gott bestätigte die Gültigkeit Seines Wortes 40 Jahre lang in der Wüste. Jeden Tag sollte das Volk eine Tagesration Manna aufsammeln, aber am sechsten Tag sollten sie genug für zwei Tage aufsammeln; am Sabbat sollte nicht geerntet werden. Manche versuchten, Manna zu horten; andere achteten nicht auf das Gebot des Herrn und sammelten nicht genug für den Sabbat. Beiden Gruppen wurde deutlich gezeigt, dass Gott treu zu Seinem Wort stehen würde (siehe 2. Mo. 16,4,14-20).

Dieser Sabbat galt nicht nur für die Israeliten, sondern bezog sich sogar auf Knechte und Tiere. Und es gab noch mehr. In jedem siebten Jahr sollte das *Land* ruhen. Das Volk sollte Gott vertrauen, dass Er es auch im Sabbatjahr versorgen würde. „Der Sabbatertrag des Landes soll euch zur Speise dienen“, hatte der Herr zu Mose gesagt (3. Mo. 25,6). Israel praktizierte, was Landwirte später wiederentdecken sollten – dass die Nährstoffe des Bodens sich erneuern können, wenn das Land ein Jahr lang brach liegen darf.

Ein Gott, der schützt

Keine Regierung der Welt könnte sich mit Israels Regierung messen. Seine Form war eine Monarchie, in der Gott selbst der Herrscher war. Verglichen mit den anderen Rechtssystemen der damaligen Welt war dieses System so erstaunlich viel freundlicher und barmherziger.

Der Rest der Zehn Gebote bildet die Grundlage für zwischenmenschliche Beziehungen innerhalb der Familie und der Gemeinschaft. „Ehre deinen Vater und dein Mutter ... Du sollst nicht töten. – Du sollst nicht ehebrechen. – Du sollst nicht stehlen. – Du sollst ... nicht als falscher Zeuge aussagen. – Du sollst nicht ... begehren ...“ (2. Mo. 20,12-17).

Wenn diese Gebote gehalten würden, könnten sie die Gesellschaft revolutionieren. Es gäbe keine Notwendigkeit für Gerichte oder Gefängnisse, für Polizei oder Sicherheitssysteme. Eltern blieben zusammen und Kinder wie alte Menschen wären wertgeschätzte Familienmitglieder.

Zusätzliche Bestimmungen setzten hohe Standards der Moral und persönlichen Rechtschaffenheit. Es gab Regelungen für Waisen und Witwen und es gab Richtlinien, die befolgt werden sollten, wenn Unfälle vorkamen. Keiner anderen Nation waren jemals solche humanen und mitfühlenden Gesetze gegeben worden. Da Gott wusste, dass die Menschen diese Bestimmungen nicht befolgen würden, traf er auch Vorkehrungen für ihre Schwächen und das Zeitalter, in dem sie lebten. Er stellte Regelungen für vertraglich verpflichtete Knechte und Sklaven, für Scheidung und Polygamie auf. In den Zeiten, als Israel die Gebote am ehesten befolgte, kamen nationale Leiter von weit her, um sie zu beobachten (vgl. 1. Kö. 10,24).

In moderneren Zeiten hatte Israel bewundernswerte Gesundheitsstandards, mit denen sie ihre Zeitgenossen überflügelten. 1847 beispielsweise erlebte der Wiener Arzt Dr. Ignaz Semmelweis eine dramatische Abnahme der Sterberate bei seinen Patienten, als er begann, seine Hände nach der Untersuchung kranker Patienten oder nach der Autopsie Verstorbener zu waschen. Als er versuchte, diese Praxis unter den anderen Ärzten auf seiner Entbindungsstation einzuführen, wurde er vom Krankenhaus entlassen. Nach einigen Monaten war es ihm möglich, eine Position in einem Krankenhaus in Budapest zu bekommen. Auch dort nahm die Müttersterblichkeit merklich ab, als Dr. Semmelweis bei seinen Mitarbeitern diese Regel einführte.[1] Sein Geheimnis? Der gute Arzt wandte nur die Prinzipien an, die Gott Mose viele Jahrhunderte zuvor geboten hatte (vgl. 4. Mo. 19,11-14).

In den Jahren nach 1900 beobachtete Dr. Hiram N. Wineberg, dass seine jüdischen Patientinnen nie Unterleibskrebs bekamen. Studien, die 1949 am New Yorker Bellevue Hospital, in der Mayo-Klinik, und 1954 in Boston durchgeführt wurden, belegten die Behauptung, dass die Ehefrauen beschnittener Männer seltener an Krebs erkannten als jene, deren Gatten nicht beschnitten waren.[2] Fast 4000 Jahre zuvor hatte Gott Israel ein Bundeszeichen gegeben, das seine Frauen vor Krankheit bewahrte.

Gott sagte zu Abraham: „Im Alter von acht Tagen soll alles, was männlich ist, bei euch beschnitten werden, durch eure Generationen“ (1. Mo. 17,12). Jüngste Untersuchungen haben ergeben, dass ein neugeborener Säugling zwischen dem zweiten und fünften Lebenstag besonders anfällig für Blutungen ist. Vitamin K, ein Hilfsstoff der Blutgerinnung, wird im kindlichen System erst ab dem siebten Tag ausreichend gebildet.[3] Welch ein bemerkenswerter „Zufall“!

Gott hat Sein Volk über Jahrhunderte hinweg in den Verschwörungen von Haman bis Hitler übernatürlich bewahrt.

3. Mose 3,17 enthält folgende Worte: „Keinerlei Fett dürft ihr essen!“ Israel erhielt diese Vorschrift lange bevor die Welt irgendetwas über Cholesterin wusste. Eheliche Treue wurde ohne ein Wissen über Geschlechtskrankheiten praktiziert. Kurz gefasst sprach der Herr zu Mose: „Wenn du willig auf die Stimme des HERRN, deines Gottes, hörst und tust, was in seinen Augen recht ist, seinen Geboten gehorchst und all seine Ordnungen hältst, dann werde ich dir keine der Krankheiten auferlegen, die ich den Ägyptern auferlegt habe; denn ich bin der HERR, der dich heilt“ (2. Mo. 15,26). Keine der Krankheiten! Was für ein Versprechen!

Über Jahrhunderte hinweg hat Gott Sein Volk Israel nicht nur vor Krankheiten, sondern auch vor seinen Feinden übernatürlich bewahrt. Als priesterliche Nation würde sie ständig in einer feindlichen Umgebung leben. Um Abraham zu versichern, dass er unter einem beständigen Schutz stehen würde, sprach der Herr in einer Vision zu ihm: „Fürchte dich nicht, Abram; ich bin dir ein Schild“ (1. Mo. 15,1).

Er beschirmte Israel in Ägypten 400 Jahre lang vor der Ausrottung und der Assimilation und brachte es zurück in sein Land. Er bewahrte es über Jahrhunderte hinweg in den Verschwörungen und Verfolgungen von Haman bis Hitler und stellte es wieder her.

Erinnerung und Verkündigung in den Festen

Gott wollte Sein Volk dazu anhalten, Seine Treue und das Kommen des Gerechten Königs zu verkünden, und gebot ihm deshalb die Einhaltung bestimmter jährlicher Feste. Israel sollte als Priester der Welt die Nationen durch die Erlösungsgeschichte, die in ihren biblischen Festen dargestellt wurde, unterweisen.

Das *Pessach* (Passah) erinnerte an Israels Befreiung aus der Tyrannei und war eine jährliche Erinnerung an die Schrecken der Unterdrückung und die Freuden der Freiheit. Das ursprüngliche Passah, das in Ägypten gefeiert worden war – als das Blut eines Lammes an die Türpfosten jüdischer Häuser gestrichen wurde, damit der Tod „passieren", vorbei gehen und ihre erstgeborenen Söhne verschonen würde – wies auf den Erlöser hin, dessen Blut die Sünden der Menschen tragen und durch den die ganze Nation als „Erstgeborene" hervortreten würde (vgl. Hebr. 12,23).

Johannes der Täufer nannte Jesus „das Lamm Gottes, das die Sünde der Welt wegnimmt" (Joh. 1,29). Die Feier des Passah ist nun nicht mehr nur eine Erinnerung an den Auszug aus Ägypten, sondern auch eine Feier des Lammes, das gekommen ist als Abbild des letzten Passah/Auszuges weltweiter Ausmaße, der in der Offenbarung des Johannes beschrieben wird, wenn all diejenigen erlöst werden, die das Blut in Anspruch genommen haben (vgl. Offb. 12,11).

Der *Hag HaMatzah* (Fest der ungesäuerten Brote) beginnt mit dem Passah und dauert sieben Tage. Jesus verglich sich mit dem Manna, das in der Wildnis herabkam und nannte sich selbst „das Brot, das aus dem Himmel herabgekommen ist; wenn jemand von diesem Brot isst, wird er leben in Ewigkeit" (Joh. 6,50, vgl. auch V. 41;50;58). Das Durchbohren, das Zerschlagen, die Striemen – sie alle beschreiben die *Matzah* und Jesus – und werden sowohl in Jesaja (53,5,10) als auch bei Petrus (1. Petr. 2,24) erwähnt. Während dem siebentägigen Fest darf nichts Gesäuertes gegessen werden. Die Hefe, die das Brot aufgehen lässt, ist ein Symbol der Sünde, die ausgerottet werden muss und ist eine Erinnerung an die Eile, in der die Kinder Israel Ägypten verlassen mussten. Aber eine weitere Lektion ist, dass wir alle in einer Aufbruchsbereitschaft leben sollen, weil wir auf unseren Auszug warten.

Das Fest der *Bikkurim* (Erstlinge) findet bemerkenswerter Weise am dritten Tag nach dem Passah statt. Eine Garbe sollte als Proklamation vor dem Herrn geschwenkt werden, dass noch weitere Früchte kommen würden. Paulus schreibt den Korinthern, dass Jesus, der von den Toten auferweckt wurde, „der Erstling der Entschlafenen" ist (1. Kor.15,20). Jesu Auferstehung ist die Garbe, die vor einer zusehenden Welt geschwenkt wird und verkündet, dass noch andere auferstehen werden.

Schawuot oder Pfingsten (das Fest der Wochen, oder auch Erntefest) ist ein Fest der Freude über Gottes fürsorgliche Versorgung. Das erste *Schawuot* fand zu der Zeit statt, als das Gesetz am Berg Sinai gegeben wurde. Dieses Gesetz war der Vorläufer eines anderen Gesetzes und einer anderen Ernte – eines Gesetzes, das nicht auf Steintafeln, sondern auf den Tafeln menschlicher Herzen geschrieben werden würde (vgl. Jer. 31,33). Es war am Pfingstmorgen, 50 Tage nach Jesu Kreuzigung, als der Odem des Geistes durch Jerusalem wehte und dieses neue Gesetz der Liebe – das Gesetz des Leben – in die Herzen der wartenden Jünger schrieb (vgl. Apg. 2,1-4, Röm. 8,1,2).

Die Herbstfeste beginnen mit *Rosch Haschanah* (Fest des Hornblasens, wörtlich bedeutet es „Haupt des Jahres"). Die *Schofar* (Horn) wird geblasen, um den Beginn des zivilen Jahres zu begehen und den Anfang der zehn Tage der Heiligung von *Rosch Haschanah* bis *Jom Kippur* (Versöhnungstag) zu signalisieren. Dies ist eine Zeit, um in sich zu gehen und sich zu prüfen, während wir den Hörnerklang erwarten, der die Ankunft des Herrn verkünden wird (vgl. 1. Kor. 15,52; 1. Thes. 4,16,17; Offb. 10,7; 11,15).

Jom Kippur illustriert wie kein anderer einzelner Tag in Israels Kalender die Sündhaftigkeit des Menschen und seine Bedürftigkeit des Verzeihens. In den frühen Tagen des „Versöhnungstages" kam Israel zu den Priestern und sie bekannten ihre Sünden; die Priester bekannten die Sünden dann dem Hohepriester. Durch das Bekenntnis der Menschen und der Priester trug das Tier symbolisch die Sünden der Nation und wurde anstelle des Volkes getötet. Der Hohepriester schlachtete dann den Ziegenbock als Sündopfer (vgl. 3. Mo. 16,15) und betrat das Allerheiligste „nicht ohne Blut, das er darbringt für sich selbst und für die Verirrungen des Volkes" (Hebr. 9,7).

Dieser ganze Vorgang des Sündenbekenntnisses wurde mit einem zweiten Ziegenbock wiederholt. Der Hohepriester hatte folgende Aufgabe: Er „lege seine beiden Hände auf den Kopf des lebenden Ziegenbocks und bekenne auf ihn alle Schuld der Söhne Israel und all ihre Vergehen nach allen ihren Sünden. Und er lege sie auf den Kopf des Ziegenbocks" (3. Mo. 16,21), worauf der Bock in die Wüste geschickt wurde.

Interessant! Ein Tier war gerade erst für die Sünden des Volkes geopfert worden, und dennoch wurde der Bock, der die „Sünden" trug, in die Wüste geschickt. Wie konnte das sein? Der Autor des Hebräerbriefes wusste um die Wahrheit hinter der Symbolik. Er nannte diese Opfer „alljährlich ein Erinnern an die Sünden" und versichert: „unmöglich kann Blut von Stieren und Böcken Sünden wegnehmen" (10,3,4).

Tausende Tiere wurden jedes Jahr geopfert, und jedes von ihnen war eine Prophetie von dem Lamm, das noch kommen sollte. Nur Er – dieser eine Mensch, der sündlose Mensch – konnte die Bürde des Menschen tragen und die Sünde von Adams ganzer Familie auf sich nehmen und all diejenigen erlösen, die Sein Opfer annehmen (vgl. Jes. 53,5,10). Dieser Mann war Jeschua, Jesus, der Christus, der Messias.

In Seinem letzten Abendmahl mit Seinen Jüngern während des Passah verglich Jesus, unser Passah-„Lamm" (unser „Sündenbock" – ein schockierender Gedanke!), Brot und Wein mit Seinem eigenen Leib und Blut. „Dies ist mein Leib, der für euch gegeben wird . . . Dieser Kelch ist der neue Bund in meinem Blut, das für euch vergossen wird" (Lk. 22,19,20).

Jahrhunderte lang, wenn Gläubige das Mahl des Herrn feiern und in ihren Händen die Bestandteile – einfaches Brot und Wein – halten, dann tauchen vor ihren Augen Szenen des letzen Mahles mit Jesus auf. Für das aufmerksame Herz wird jeder Laib Brot, jede Flasche Wein eine sichtbare Erinnerung an den Leib Jeschuas und an Sein Blut, das uns errettet hat.

Fünf Tage nach Jom Kippur ist *Sukkot*, das Fest der Laubhütten (oder Zelte), das letzte von Israels Hauptfesten (die anderen beiden sind das Passah und Pfingsten), an dem jeder jüdische Mann teilzunehmen verpflichtet war. Dies war die Zeit des letzten Einsammelns der Ernte, welche ein Abbild der immensen Seelenernte kurz vor Jeschuas Wiederkunft ist. Durch dieses jährliche Fest wurden dem Volk Gottes die Wanderjahre und die provisorische Behausung ihrer irdischen Wohnungen wieder bewusst gemacht, da die Gesetzestreuen acht Tage im Jahr in einer *Sukka* (Laubhütte, Zelt) wohnen. Der Apostel erklärt uns, dass Jesus „unter uns zeltete" (Joh. 1,14). Unser Leben ist auch nicht von Dauer. Die großartigsten „Unterkünfte" – viele Wohnungen – liegen noch vor uns!

Von Nichtjuden wurde nie verlangt, diese jüdischen Feste zu begehen. Allerdings gibt es immer mehr unter uns, die in einer Zeit, in der wir uns auf die Wiederkunft unseres jüdischen Messias zu bewegen, diesen Teil unseres verlorenen Erbes wiederentdecken wollen.

Ein Segen für die Nationen

Der Herr verhieß Abraham, dass die Nationen der Erde durch seine Nachkommen gesegnet würden. Dies hat sich auf erstaunliche Weise erfüllt. Das jüdische Volk hat die Welt in völliger Disproportionalität zu seiner Größe gesegnet. Das jüdische Volk mit seinem geringen Anteil von 0,25 Prozent an der Weltbevölkerung stellte 15 Prozent aller Nobelpreisträger seit der Einführung dieses Preises im Jahre 1899.[4] Diese Zahl ist gerade auch im Hinblick darauf so erstaunlich, dass Millionen jüdischer Menschen aus ihren Häusern und oft in den Tod getrieben wurden.

Ihre Beiträge für die Welt sind wahrlich ein Segen für die ganze Erde. In seinem Buch *What the Church Owes to Jews* schrieb Leslie Flynn:

> Wenn ein Antisemit beschließen würde, all die Tests und Heilmittel zu boykottieren, die von den Juden entdeckt wurden, würde er sich einem Heer ernsthafter Krankheiten aussetzen. Neben John Salks Polio-Impfstoff müsste er auch Dr. Albert Sabins Schluckimpfung ablehnen; den von Bela Schick eingeführten Test zur Bekämpfung von Diphtherie; die Diätverordnungen von Joseph Goldberger zur Verhinderung von Pellagra; Bluttransfusionen, die durch die Arbeit von Dr. E. J. Cohen in Harvard ermöglicht wurden; ... die Wassermann-Reaktion zur Syphilisdiagnose; den von Baruch Blumberg entdeckten Hepatitis-Impfstoff; das von Dr. Selman Abraham Waxman als Antibiotikum entdeckte Streptomycin ...; die krampflösende Wirkung von Chlorkohlenwasserstoffen, die Dr. J. Von Liebig herausfand; und Vitamine, die von Casimir Funk entdeckt wurden.
>
> Die Wahrscheinlichkeit, ein College zu besuchen, ist bei amerikanischen Juden doppelt so hoch wie bei Nichtjuden, und es ist fünfmal wahrscheinlicher, dass sie eine renommierte Hochschule der Ivy League besuchen. In den Wissenschaftsbereichen Medizin, Naturwissenschaft, Jura und Zahnmedizin sind sie überrepräsentiert.[5]

Die Welt der Musik wäre ebenfalls sehr viel kleiner ohne ihre jüdischen Komponisten, Dirigenten, Pianisten, Violinisten und Opernsänger. Eugene Ormandy, James Levine, Arthur Fiedler, Isaac Stern, Jascha Heifetz, Yehudi Menuhin, Jerome Kern, Irving Berlin, Oscar Hammerstein, George Gershwin, Artur Rubenstein, Paul Simon und Richard Rodgers sind Namen, die jeder kennt.

Ähnliche Listen können auf dem Gebiet der Philosophie, Journalistik, Philanthropie, Politik und im Sport aufgestellt werden.

John Adams schrieb in einem Brief an F. A. Van der Kemp:

> Ich bleibe dabei, dass die Hebräer mehr dafür getan haben, die Menschheit zu zivilisieren als jede andere Nation ... Wenn ich Atheist wäre ... würde ich glauben, dass der

> Zufall den Juden die Aufgabe übertragen hätte, für die gesamte Menschheit die Doktrin von einem höheren, intelligenten, weisen, allmächtigen Herrscher des Universums zu bewahren und zu propagieren, von dem ich glaube, dass es das größte wesentliche Prinzip der Moral, und folglich auch der ganzen Zivilisation ist.[6]

Als Friedrich der Große seinen Kaplan nach einem Grund fragte, warum er an Gott glauben sollte, soll der Kaplan angeblich gesagt haben: „Den ganz erstaunlichen Juden, Ihre Majestät".

Obwohl sie so oft unterdrückt, aus ihren Häusern vertrieben, ihres Wohlstandes beraubt und an Leib und Leben bedroht waren, ist die Familie Jakobs in den Nationen, in die sie zerstreut wurden, ständig in leitende Positionen erhoben worden. Obwohl sie mehrfach von der Auslöschung bedroht waren, haben sie sich aufgemacht, um ausgerechnet das Volk, das sie unterdrückt hat, zu segnen. In all ihrem Leid haben sie dennoch ihre priesterliche Rolle behalten.

Anmerkungen

1. S. I. McMillen, *None of These Diseases* (1963; Neuauflage, Old Tappan, NJ: Fleming H. Revell, 1979), S. 12-16
2. Ebd., S. 17, 18
3. Ebd., S. 20
4. Leslie B. Flynn, *What the Church Owes the Jew* (Carlsbad, CA: Magnus Press, 1998), S. 1
5. Ebd., S. 2
6. Rabbi Joseph Telushkin, *Jewish Wisdom* (New York: William Morrow & Company, 1994), S. 498

Kapitel 4

Die beabsichtigte Auslöschung

Der Drache stand vor der Frau, die im Begriff war, zu gebären, um, wenn sie geboren hätte, ihr Kind zu verschlingen.

Offenbarung 12,4

Ich werde nie den Tag vergessen, als ich Marty Waldman erzählen hörte, wie es war, als Sohn von Holocaust-Überlebenden aufzuwachsen. Martys Eltern waren aus einem polnischen Konzentrationslager geflohen, als der 2. Weltkrieg gerade zu Ende ging. Sie gingen zunächst nach Deutschland und dann nach Österreich, bevor sie sich eine Überfahrt in die Vereinten Staaten sichern konnten, wo Marty dann geboren wurde. Marty stand vor mir. Hinter mir saß Rudi Pinke, ein deutscher Pastor, dem Gott ein jüdisches Herz gegeben hat. Rudi trägt die Schmach einer gedemütigten Nation und nimmt jede Gelegenheit wahr, um seinen jüdischen Geschwistern Liebe entgegen zu bringen.

Als Marty die Schwere der Trauer beschrieb, die seine Familie immer noch belastete, sprach er mit tränenerstickter Stimme: „Ich weiß, eines Tages muss ich nach Polen zurück ... aber ich war noch nicht in der Lage dazu."

Nachdem er diese Worte gehört hatte, sprang Rudi aus seinem Stuhl auf und rannte in seinem Eifer, zu Marty zu kommen, beinahe ein paar Leute um. Er nahm ihn in die Arme und sagte immer wieder: „Ich werde mit dir gehen, Marty! Ich werde mit dir gehen. Wir werden zusammen gehen!" So standen sie dort in liebevoller Umarmung – der Sohn eines Juden und der Sohn eines Deutschen – eine Vorausschau auf herrlichere Tage, die noch kommen werden.[1]

Ich hatte meine eigenen gottgeschenkten Begegnungen mit dem jüdischen Volk. Einer von ihnen, Eitan Shishkoff, war ein Hippie-Farmer in den Bergen New Mexicos, als er Jeschua begegnete. Er erklärte mir, wie er es erlebt hatte, in einer assimilierten Familie im Süden Kaliforniens aufzuwachsen. Er hatte jede Illusion über das Leben verloren und wollte Realität. Gott war weit weg. Er brauchte etwas Greifbares. Und so gab er sich selbst dem Boden und den Elementen hin und fand ein gewisses Maß an Frieden für seine Seele.

All das änderte sich eines Tages. Eitans friedvolle Gemeinschaft zerbrach, als ein Freund ermordet wurde. Er hatte keinen Ort, zu dem er mit seiner Trauer fliehen konnte. Kurz darauf tauchten zwei „Jesus People" auf Eitans abgelegener Farm auf und beschrieben ihm den Messias und Seinen Auftrag, die Menschheit zu erlösen. Während diese jungen, ungeschulten Zeugen noch redeten, hatte Eitan eine Vision von dem jüdischen Messias Jesus, der am Kreuz hing und dessen Augen wie Laserstrahlen brannten und Eitans eigenes Herz durchbohrten. Es war ein Erlebnis, das ihn für immer verändern würde.

Als Eitan seine Geschichte erzählte, pochten die Worte der Propheten in meiner Brust – Worte, die an Juden gerichtet waren: „Und ihr werdet erkennen, dass ich der HERR bin" (Hes. 36,11). Wieder erlebte ich, wie sich Prophetien vor meinen eigenen Augen erfüllten.

Eitan und ich wurden an jenem Tag Freunde, jener westtexanische Farmerjunge und der kalifornische Jude, und unsere Herzen schlossen einen unverbrüchlichen Bund für die Ewigkeit.[2]

Das Komplott zur Zerstörung des Samens

Diese Beispiele tiefer Geschwisterlichkeit zwischen Juden und Nichtjuden sind eher die Ausnahme als die Regel. Der Antisemitismus ist immer noch der am weitesten zurück reichende und tiefgehendste Hass der Menschheitsgeschichte. Diese Feindschaft nahm ihren Anfang im Garten, als Gott Eva verhieß, dass einer ihrer Nachkommen den Kopf des Feindes zertreten würde (vgl. 1. Mo. 3,15). Das Gewicht dieses Menschenhasses verlagerte sich später auf Abraham und seine Nachkommen.

Gottes Ruf Abrahams hat sich als gemischter Segen erwiesen. Unter Gottes übernatürlichem Schutz hat das jüdische Volk überlebt, aber sie mussten immer den Zorn der Nationen ertragen. Seit der Zeit von Abrahams Berufung hat Satan sich das Ziel gesetzt, diese Familie auszurotten. Wenn er Abrahams Nachkommen zerstören könnte, würde er Gottes Absichten vereiteln, den Erlöser der Welt durch Israels verheißenen Sohn zu senden.

Nachdem Jesus gekommen war, setzte Satan seine Angriffe auf die jüdische Nation fort. Er wusste, dass der jüdische Messias eines Tages zu einer wiedererrichteten jüdischen Heimstätte und zu Juden und Nichtjuden, die bereit waren, Ihn zu empfangen, zurückkehren würde.

In der Zwischenzeit versuchte der Feind weiter, Israel durch Götzendienst zu verführen, damit es seine Tauglichkeit für Gottes Pläne verlöre. Sollte dies nicht gelingen, würde er es in den Nationen assimilieren, so dass es schließlich die fremden Bräuche annehmen und somit sein Zeugnis in der Welt zunichte werden würde. Der böse Feind lauert in jeder dunklen Ecke der Geschichte, um sich an Gottes auserwähltes Volk heranzumachen.

Die Unfruchtbarkeit von Abrahams Ehefrau Sarah war einer von Satans ersten Versuchen, die Verheißung zu verhindern. Im Unglauben, dass Gott Sarahs 90-jährigen Körper öffnen könnte, mischten sich Abraham und Sarah in Seine Pläne ein, indem sie ihre Dienerin Hagar als Ersatz wählten, um den versprochenen Erben auch garantiert zu bekommen. Die Auswirkungen dieser Einmischung sind immer noch in der anhaltenden Feindseligkeit zwischen den Söhnen Ismaels und den Söhnen Israels (zwischen Moslems und Juden) zu spüren. Aber Gott brauchte keine Unterstützung und schenkte später durch Sarah ein Kind, so wie Er es versprochen hatte (1. Mo. 18,14).

Jener Sohn, Isaak, war 40 Jahre alt, als er seine Cousine Rebekka heiratete. Sie war die nächsten 20 Jahre unfruchtbar. Aber Isaak betete und der Herr erhörte ihn und Rebekka gebar Zwillinge: Esau und Jakob.

Von der Zeit an, als Gott Jakobs Familie als das Volk der Verheißung erwählt hatte, orchestrierte der unsichtbare Feind aus dem Garten viele Ereignisse und Umstände in dem Versuch, sie auszulöschen. Wenn er diese eine Familie los werden könnte, würden alle anderen Völker der Erde nicht durch Abraham und seine Nachkommen gesegnet werden. Gottes Wort würde sich als falsch erweisen und Adams Kinder wären für immer von Vater Gott getrennt.

Sogar in Jakobs engster Familie sehen wir, wo die Frontlinie verläuft. Eine Hungersnot kam über das Land und sie hätte möglicherweise die Familie ausgelöscht. Aber Gott hatte Josef nach Ägypten gesandt, um eine Zufluchtsstätte für sie vorzubereiten. Der Herr gebrauchte sogar die Eifersucht von Josefs Brüdern für Seine eigenen guten Absichten. „Und nun seid nicht bekümmert", sprach Josef zu ihnen, „und werdet nicht zornig auf euch selbst, dass ihr mich hierher verkauft habt! Denn zur Erhaltung des Lebens hat Gott mich vor euch hergesandt . . ., um euch einen Überrest zu setzen auf Erden und euch am Leben zu erhalten für eine große Errettung" (1. Mo. 45,5,7).

Alles lief gut für diesen Überrest von Gottes Volk, als Er Seine Segnungen im Land Goschen über ihnen ausschüttete. Schließlich aber kam ein Pharao an die Macht, der erkannte, dass die Ägypter in der Gefahr standen, zahlenmäßig überflügelt zu werden. Wenn er alle Söhne Israels töten könnte, würde dieses Volk bald von der ägyptischen Kultur assimiliert und in Vergessenheit geraten. Der Erlass kam scheinbar von Pharao, aber hier war eine viel düsterere Macht am Werk. Unter dem Regime dieses ägyptischen Tyrannen wurden die Kinder Israel zu Sklaven.

In den darauffolgenden Jahren gab es andere Erlösungswunder – am Roten Meer, in der Wildnis, bei der Überquerung des Jordan, in Jericho und anderen Städten – und alle erinnern an Israels Bestimmung.

Als das Volk schließlich in sein eigenes Land zurückgekehrt war, durchlief Israel einen 400-jährigen Kreislauf von Götzendienst und Buße, bevor Gott seinen zweiten König, David, als Träger „des Samens" auswählte. Der Messias sollte ein „Sohn Davids" sein. Aber von diesem Tage an wurde nicht nur Israel als Nation, sondern insbesondere Davids Haus zur Zielscheibe für Satans Intrigen.

Die Nation teilte sich bald in zwei Reiche – die Mehrheit der Stämme trennten sich ab, um im Norden eine neue Nation zu bilden. Neun verschiedene Dynastien regierten diese Nation in den nächsten zwei Jahrhunderten. Aber im kleinen südlichen Königreich Juda war immer ein Nachkomme Davids auf dem Thron. Es gab viele Kriege und viele Versuche, Davids Haus zu zerstören, aber keiner dieser Versuche war erfolgreich. Gott wachte über Seiner Verheißung.

In einer sehr interessanten Zeitspanne von sechs Jahren schien es, als ob der Feind gewinnen würde. Der junge König Ahasja kam in einer Schlacht ums Leben. Seine Mutter Atalja, Tochter von Ahab und Isebel, die für ihren Götzendienst bekannt waren, ließ alle Söhne des Königs töten und bestieg selbst den Thron von Juda. Sie war beinahe erfolgreich. Nur der einjährige Joasch blieb am Leben. Eine Tante versteckte ihn sechs Jahre lang. Im Alter von sieben Jahren kam er aus seinem Versteck und wurde zum König von Juda ernannt (vgl. 2. Könige 11). Bis zu dem Zeitpunkt, als Joasch selbst Söhne bekam, ruhten alle Verheißungen Gottes – die Verheißung, die Eva im Garten erhalten hatte, der Bund, den er mit Abraham geschlossen und mit Isaak und Jakob erneuert hatte, der Eid, den er David gegenüber abgelegt hatte – auf seinem jungen Körper. Wäre Joasch getötet worden, hätte Gott sich als fehlbar erwiesen. Aber Gott war nicht nervös. Er ist nicht nur derjenige, der Verheißungen ausspricht, sondern sie auch bewahrt.

Nation um Nation griff das jüdische Volk in den folgenden Jahrhunderten an. Fremde Mächte regierten in Jerusalem – Babylonien, Persien, Griechenland und Rom hatten alle ihre Zeit und Stunde dort. Manchmal schien es, als würde die Nation den Überlebenskampf verlieren.

Haman, der persische „Hitler“ des fünften Jahrhunderts v. Chr. erdachte sich die damalige Strategie für die Ausrottung der Juden. Es war eine Frau, Königin Esther, eine junge Jüdin, die zur Retterin ihres Volkes wurde. Ihre Geschichte wird im Buch Esther beschrieben und jährlich in den Synagogen der Welt am Purimfest nacherzählt.

Zweihundert Jahre später geriet Jerusalem unter die Kontrolle des griechischen Herrschers Antiochus Epiphanes. In seinem

Versuch, die Juden zu hellenisieren, sie also in die griechische Kultur zu assimilieren, brachte er ausgerechnet Schweine im Tempel als Opfer dar, die Ausgeburt der Unreinheit und Besudelung. Judas Makkabäus leitete den Gegenschlag gegen diese heidnische Invasion und stellte in Israel die Anbetung Gottes wieder her.[3] In der alljährlichen Chanukka-Feier wird dieses Ereignisses gedacht, im Neuen Testament wird sie als Fest der Tempelweihe bezeichnet (vgl. Joh. 10,22).

Alle Anstrengungen, diese Familie von Priestern zu vernichten, waren schließlich erschöpft, und Gottes Zeitpunkt für das Erscheinen des Messias war endlich gekommen.

Als die Zeit erfüllt war

Viertausend Jahre nachdem Eva im Garten Gottes Verheißung eines Erlösers erhalten hatte ... 2000 Jahre nach Gottes Bund mit Abraham ... 1000 Jahre nach der Wahl von Davids Linie erschien einem jungen jüdischen Mädchen in Nazareth ein Engel, und ein Kind wurde empfangen. Sowohl Miriam (Marias hebräischer Name) als auch Josef, ihr Verlobter, waren, wie die Propheten verheißen hatten, Nachkommen Abrahams, Isaaks, Jakobs und Davids. Als es soweit war, kam ein Sohn auf die Welt.

Zu Jesu Lebzeiten setzte sich der Kampf fort. Immer wieder versuchte Satan, ein Attentat am König der Könige zu verüben – durch die Kindestötung von Bethlehem, zur Zeit der Versuchung (ähnlich wie in der Versuchung im Garten war dies ein Versuch, diesen „zweiten Adam" unter Satans Herrschaft zu bringen), und schließlich am Kreuz.

Auch Pilatus hatte leere Drohungen ausgestoßen. „Weißt du nicht, dass ich Macht habe, dich loszugeben, und Macht habe, dich zu kreuzigen?" höhnte er. Darauf antwortete Jesus: „Du hättest keine Macht über mich, wenn sie dir nicht von oben gegeben wäre" (Joh. 19,10,11).

Tage zuvor hatte Jesus Seinen Jüngern gegenüber versichert: „Ich lasse mein Leben für die Schafe. Niemand nimmt es von mir, sondern ich lasse es von mir selbst" (Joh. 10,15,18).

Der Teufel hatte jede Waffe in seinem Arsenal verwendet, um Jesu Geburt, die Erfüllung Seines Lebens und Seine Auferstehung zu verhindern – doch ohne Erfolg. Der Messias war nicht nur geboren worden, sondern Er hatte auch die Aufgabe, für die Er bestimmt worden war, erfüllt. Er hatte Sein Leben für die Sünden der Welt gegeben. Jesu Tod war ein freiwilliger Akt der Unterordnung unter den Willen des Vaters und von den Alten prophezeit worden: „Doch er war ... zerschlagen um unserer Sünden willen. Die Strafe lag auf ihm zu unserem Frieden ... Der HERR ließ ihn treffen unser aller Schuld" (Jes. 53,5,6). Mission erfüllt!

Nun musste die Strategie geändert werden. Es verbreitete sich das Gerücht, dass Jesu Jünger gekommen wären und Seinen Leichnam aus dem Grab gestohlen hätten, dass Er überhaupt nicht von den Toten auferstanden sei, wie alle glaubten (vgl. Mt. 28,12-15). Und obwohl Ihn Seine Freunde, die Frauen am Grab, die Männer auf der Straße nach Emmaus und über 500 Zeugen gleichzeitig (vgl. 1. Kor. 15,6) gesehen hatten, wird die körperliche Auferstehung Christi bis zum heutigen Tag immer noch scharf angegriffen. Theologen haben über Jahrhunderte hinweg alle möglichen Theorien über die Auferstehung in Umlauf gebracht. Der Feind unserer Seelen weiß, was Paulus auch wusste: „Wenn aber Christus nicht auferweckt ist, so ist euer Glaube nichtig, so seid ihr noch in euren Sünden" (1. Kor. 15,17). Was für ein Coup des Teufels, wenn das wahr wäre!

Aber der Messias ist gekommen. Er starb und wurde von den Toten auferweckt. Er ist in den Himmel aufgefahren. Sein Leben ist durch Gottes souveräne Macht beglaubigt worden.

Die Kontroverse setzt sich fort

Warum dann die Fortsetzung des Antisemitismus an allen Fronten? Warum wollte Satan immer noch den Hass gegen die Juden schüren? Warum sieht er die Notwendigkeit, weiterhin zu versuchen, sie als ganze ethnische Gruppe zu vernichten? Warum sind sie in jedem Jahrhundert weltweit zur Zielscheibe der Verfolgung geworden?

Weil unser unsichtbarer, aber mächtiger Gegner etwas weiß, was viele Christen nicht entdeckt haben: dass die Verheißungen Gottes sich nicht erfüllen werden, wenn es Satan gelingt, Israel zu zerstören. Die Propheten hatten von ihrer Rückkehr in ihr Land gesprochen. Es wurde Jesaja bestätigt, dass die Augen des Volkes nicht für alle Zeiten verschlossen bleiben würden (vgl. Jes. 6). Paulus hatte die Gewissheit, dass der Tag kommen würde, an dem „ganz Israel errettet werden" würde (Röm. 11,26). Jesus freute sich auf die Zeit, in der die Juden Ihn in Jerusalem willkommen heißen würden (vgl. Mt. 23,39). Sacharja sah einen Zeitraum, in dem der Herr einen Geist der Gnade und des Gebets über Israel ausgießen würde, eine Zeit, wenn Er sich ihnen offenbaren würde (vgl. Sach. 12,10). Nichts von alledem kann wahr werden, wenn die Juden nicht mehr existent sind oder ihre Identität verlieren. Nein, es ist für Gottes Pläne von wesentlicher Bedeutung, dass dieses Volk und seine nationale Identität geschützt wird. Wenn die Erfüllung der Zeit sich nähert, wird Satans Wut noch zunehmen (vgl. Offb. 12,12).

Warum sollte Satan immer noch Hass gegen die Juden schüren? Weil er etwas weiß, was viele Christen nicht entdeckt haben: dass die Verheißungen Gottes sich nicht erfüllen werden, wenn es Satan gelingt, Israel zu zerstören.

Erinnern Sie sich, dass Paulus gegenüber seinen nichtjüdischen Bekehrten bekräftigte, dass Gott mit Israel noch nicht am Ende sei. Er warnte die Nichtjuden vor Arroganz. Er erinnerte sie daran, dass sie in Israels Ölbaum eingepfropft waren. Er sprach von der geistlichen Fettigkeit, die von den jüdischen Wurzeln her kommt. Er wies darauf hin, dass die Nichtjüdische Kirche ohne ihren älteren jüdischen Bruder, dessen Geburtsrecht sie sich angeeignet hat, nicht im vollkommenen Sinne heilig sein kann. Er sagte den Nichtjuden, dass sie die Juden durch ihre Liebe und ihren Glauben eifersüchtig machen sollten (vgl. Röm. 11).

Und dennoch hat die Nichtjüdische Kirche nicht nur darin versagt, die Juden zu schützen, sondern sie hat sich häufig auch noch an den Verfolgungen beteiligt oder sie sogar angestiftet. Warum? Der Feind ist ein Verführer, und die Kirche hat sich verführen lassen.

Schon früh in der Geschichte der Nichtjüdischen Kirche begannen sich die führenden Gelehrten gegen die Juden zu wenden. Johannes Chrysostomos hielt im späten dritten und frühen vierten Jahrhundert acht „Predigten gegen die Juden". Er griff ihren Charakter an, indem er sie als mörderische, habgierige, unmoralische, bösartige Verbrecher bezeichnete. „Was mich angeht, so hasse ich die Synagoge ... Ich hasse die Juden".[4]

Es waren spanische „christliche" Herrscher, Ferdinand und Isabella, die während der Spanischen Inquisition des 15. Jahrhunderts Tausende von Juden ins Exil trieben, folterten und töteten.

Der große protestantische Theologe und Reformer Martin Luther wurde am Ende seines Lebens zu einem Judenhasser.

> Ihre Synagogen soll man mit Feuer anstecken ... Ihre Häuser sollen genauso niedergerissen und zerstört werden ... Man soll ihnen ihre Gebetsbücher und Talmude wegnehmen ... Man soll ihren Rabbis unter Androhung des Todes das Lehren verbieten ... Pässe und Reiseprivilegien sollen ihnen absolut verboten werden ... Den jungen und starken Juden und Jüdinnen soll man den Dreschflegel geben, die Axt, die Hacke, den Spaten, den Spinnrocken, die Spindel und soll sie ihr Brot beim Schweiße ihrer Nasen verdienen lassen.[5]

Gerhard Kittel, ein angesehener deutscher Gelehrter des Neuen Testaments, gab 1933 ein Buch zur „Jüdischen Frage" heraus. Sein Rat? Sie sollten akzeptieren, dass ihnen als Bürgern zweiter Klasse Diskriminierung und Diffamierung zustünden, wo es doch ihr Schicksal sei „rastlos und heimatlos auf dem Erdboden umherzustreifen".[6]

Die Pogrome hatten ihren Ursprung in „christlichen" Ländern wie Russland und Polen. Die Herkunftsländer des Holocaust?

Das christliche Österreich und Deutschland, Länder, deren Kirchenbänke mit Menschen gefüllt waren, die recht getauft und konfirmiert waren.

Die Kirche ließ sich verführen und diente als Schachfigur in den Händen des Feindes. Wenn doch Satan die Juden nur auslöschen oder wenigstens verhindern könnte, dass sie eine Offenbarung von dem bereits gekommenen Messias erhalten würden. Was wäre effektiver, als genau diejenigen zu ihrer Vernichtung zu benutzen, die von sich behaupteten, sie seien Seine Jünger! Oder selbst die Assimilation. Die Pläne Gottes würden sich hinauszögern, solange die Juden nicht „nach Hause kommen".

Der Prophet Jeremia sagte: „Siehe, Tage kommen, spricht der HERR, da werde ich dem David einen gerechten Spross erwecken. Der wird als König regieren und verständig handeln und Recht und Gerechtigkeit im Land üben. In seinen Tagen wird Juda gerettet werden und Israel in Sicherheit wohnen" (Jer. 23,5,6). Diese Prophetie erfüllte sich teilweise im ersten Kommen des Messias. Seine letzte Erfüllung steht noch aus. Juda ist noch nicht gerettet worden und Israel wohnt noch nicht in Sicherheit.

Jesus sagte den jüdischen Leitern in Jerusalem, dass Er erst wiederkommen würde, wenn sie Ihn empfangen würden (vgl. Mt. 23,38,39). Laut Jesu Worten in jenen Tagen wird eine bedeutende Zahl jüdischer Menschen ins Land zurückkehren und Ihn angenommen haben, *bevor* Er wiederkommt.

Zehn Tage nach Jesu Himmelfahrt kam der Heilige Geist als Erfüllung von Jesu Verheißungen auf die versammelten Jünger. Tausende kamen an jenem Tag zum Glauben. Zuerst waren es 3000 (vgl. Apg. 2,41), dann 5000 – und es wurden nur die Männer gezählt (vgl. Apg. 4,4)!

Zu einem anderen Zeitpunkt sprach Petrus zu einer Gruppe versammelter Gläubiger: „So tut nun Buße und bekehrt euch, dass eure Sünden ausgetilgt werden, damit Zeiten der Erquickung kommen vom Angesicht des Herrn und er den euch vorausbestimmten Jesus Christus sende! Den muss freilich der Himmel aufnehmen bis zu den Zeiten der Wiederherstellung aller Dinge, von denen Gott durch den Mund seiner Propheten von jeher geredet hat" (Apg. 3,19-21).

Die Wiederherstellung „aller Dinge“, die von den Propheten vorausgesagt wurde, musste noch kommen. Es war ein *zukünftiges* Datum, von dem Petrus sprach.

Was hatten die Propheten verheißen? Dass Israel wieder aus den Nationen versammelt würde (vgl. Jer. 16,14-16); dass ihre Augen aufgetan würden (vgl. Jes. 35,5; Apg. 26,18); dass sie den Herrn erkennen würden (vgl. Hes. 37,12,13); dass sie immer noch ein Licht für die Nationen wären (vgl. Jes. 60,1-3); dass der Reichtum der Nationen zu ihnen gebracht werden würde (vgl. Jes. 60,5,11); dass Juden und Nichtjuden im Messias in Frieden miteinander wohnen würden (vgl. Jes. 66,19-21).

Marty und Rudi, Eitan und Don, Jude und Nichtjude. Gemeinsam im Messias. Vielleicht nur schrittweise, aber es geschieht!

Obwohl ihre Auslöschung beabsichtigt war, lebt Gottes priesterliches Volk noch heute. Israels Segen für die Nationen blüht und gedeiht. Die natürlichen Nachkommen Israels und die eingepfropften Zweige sind eine Verkündigung der Treue Gottes, eine seltsame und wunderbare Gemeinschaft. Wo – und wie – fing alles an?

Anmerkungen

1. Marty Waldman ist einer der Leiter der modernen messianisch-jüdischen Gemeinschaft. Er war Vorsitzender der Vereinigung messianisch-jüdischer Synagogen in den Vereinten Staaten und ist der geistliche Leiter der Baruch HaShem Gemeinde von Gläubigen in Dallas, Texas.
2. Eitan Shishkoff ist gegenwärtig der geistliche Leiter der *Ohalei Rachamim* (Tents of Mercy) Gemeinde in Kriot, nördlich von Haifa, Israel.
3. Judas Makkabäus, dessen Name in den apokryphen *Makkabäerbüchern* verewigt ist, übernahm die Leitung des großen jüdischen Aufstandes gegen den syrischen Herrscher Antiochus Epiphanes. 164 v. Chr. nahm Judas Jerusalem ein, reinigte den entweihten Tempel und setzte eine achttägige Feier ein, aus der das Chanukka-Fest wurde. Für eine kurze Zwischenzeit hatte Israel die syrische Macht gestürzt.
4. Michael Brown, *Our Hands Are Stained with Blood* (Shippensburg, PA: Destiny Image, 1992), S. 11, zitiert in Malcolm Hay, *The Roots of Christian Anti-Semitism* (New York: Liberty Press, 1981), S. 27

5. Ebd., S. 14, 15, zitiert in Frank Ephraim Talmage, Hrsg., *Disputation and Dialogue: Readings in the Jewish-Christian Encounter* (New York: Ktav / Anti-Defamation League of B'nai B'rit, 1975), S. 34-36
6. Ebd., S. 15

Kapitel 5

Die frühe jüdische „Kirche“

Das Heil ist aus den Juden.
Johannes 4,22

Als Shmuel Suran, ein New Yorker Jude, die erste Seite des *Brit Chadaschah*, des Neuen Testaments, aufschlug, war er nicht auf das vorbereitet, was er dort fand.

„Buch des Ursprungs Jesu Christi, des Sohnes Davids, des Sohnes Abrahams.“

„Mein Gott! Er war ein Jude!“ Diese verblüffende Aussage würde Shmuel auf eine Suche nach dem Beweis treiben, dass dieser Mann, dessen Name Jahrhunderte lang benutzt worden war, um Juden schlecht zu machen, tatsächlich selbst ein in Israel geborener Jude aus Bethlehem, der Stadt Davids war. So wie die Propheten es vorausgesagt hatten. Dass Er der Messias Israels war und ist!

20 Jahre lang leitet Shmuel jetzt schon eine Gruppe an Jeschua gläubiger Juden in Jerusalem und betet mit ihnen, dass die Augen der anderen geöffnet werden, damit sie dieselbe Offenbarung erhalten.[1]

Welch eigenartige Verdrehung dieser Glaube an Jeschua doch in den letzten 20 Jahrhunderten erfahren hat. Die Verheißung wurde Abraham, Isaak und Jakob gegeben, den Gründern der jüdischen Familie, eine Verheißung, die später mit König David erneuert wurde, dass einer ihrer Nachkommen für immer über die Nationen herrschen würde (vgl. 1. Mo. 28,14; 2. Sam. 7,16). Jeschua passte in jedem Detail zu der Beschreibung der Propheten und wurde von Tausenden von Juden als Messias gepriesen. Viele der nationalen Leiter lehnten Ihn natürlich ab, aber eine bedeutende Zahl Priester und andere Leiter hießen Ihn willkommen (vgl. Joh. 19,38,39; Apg. 6,7).

Jeder Aspekt Seines Lebens war bis zum Kern jüdisch: Seine Beschneidung, Seine Tora-Studien – Er verblüffte die Tempelgelehrten mit Seiner Kenntnis der Schriften im Alter von 12 Jahren (vgl. Lk. 2,47) – Seine jährliche Pilgerreise nach Jerusalem zu den Festen, Seine treue Einhaltung des Sabbats. In Seiner Lehre und in Seinen Gesprächen zitierte Er gleichermaßen ständig Mose und die Propheten. Selbst als er sterbend am Kreuz hin, stieß Er noch die Worte eines der Psalmen Davids aus (vgl. Mt. 27,46 und Ps. 22,1).

Er verbrachte Sein ganzes Leben unter den Juden. Nur bei wenigen Gelegenheiten war Jesus im Austausch mit jenen, die nicht unter dem Bund standen. Eines Tages, als eine nichtjüdische Frau sich Ihm näherte, erklärte Er: „Ich bin nur gesandt zu den verlorenen Schafen des Hauses Israel“ (Mt. 15,24).

Sein Tod kam nicht ohne Dazutun der Heiden – der römischen Soldaten, des Pilatus und Herodes. Aber die meisten jener Menschen, die um das Kreuz herum standen, gehörten zum jüdischen Volk, und hatten Ihn in den drei Jahren Seines öffentlichen Dienstes beobachtet und waren Ihm gefolgt.

Der Auferstehungsmorgen am Grab? Juden, außer den römischen Wachen, die „aus Furcht vor ihm“, dem Engel, „bebten und wurden wie Tote“ (Mt. 28,4). Die Erscheinungen nach der Auferstehung während der nächsten 40 Tage? Juden. Auf dem Berg der Himmelfahrt? Wieder Juden – nur Juden. Die 120 im Obergemach, die auf „die Gabe“ warteten (Apg. 1,4)? Jeder einzelne von ihnen war ein Sohn oder eine Tochter Abrahams.

Was ist mit dem Pfingstmorgen? Die Empfänger der Gabe waren Juden. Und Petrus rief den Propheten Joel und König David zum Zeugen an, dass Jesus die Manifestation dessen war, was diese Männer gesehen hatten (vgl. Apg. 2,16,25). Dieser Jesus ist „sowohl Herr als auch [Messias]“ (Apg. 2,36).

Die Erfüllung des Judentums

Die 3000 frisch getauften Gläubigen, die bald auf 5000 und mehr anwuchsen, gründeten keine neue Religion. Sie lebten einfach die Erfüllung eines Jahrhunderte alten Glauben an den einen wahren Gott aus, der im Garten und dann ihren Vorfahren eine Verheißung geschenkt hatte, dass Er kommen würde, um sie und letztlich die ganze Welt durch sie zu erlösen.

Diese neuen Gläubige waren Juden, die den Sabbat hielten, ihre Söhne beschnitten, die Tora hielten und die Feste feierten, und die nun Jesus als den einen feierten, der all diesem einen Sinn gegeben hatte. Keine dieser Praktiken hörte auf, als sie an Jeschua glaubten. Sie gingen immer noch regelmäßig zum Tempel (vgl. Apg. 2,46, 5,12). Sie kamen oft zu den üblichen Gebetsstunden (vgl. Apg. 3,1). Selbst nachdem sie vor den Sanhedrin gerufen worden waren, um ihren Glauben zu verteidigen, blieben sie täglich im Tempel (vgl. Apg. 5,42). Hananias, der Paulus taufte, war „ein frommer Mann nach dem Gesetz" (Apg. 22,12).

Die Erlösung bekommt man jedoch nicht durch die Einhaltung des Gesetzes. Sie ist ein kostenloses Geschenk Gottes durch den stellvertretenden Tod des Messias. Jetzt konnten sie verstehen, warum Jesaja von dem „leidenden" Knecht gesprochen hatte (Jes. 53,3). Sogar die Feste und Opfer bekamen einen tieferen Sinn. Passah und Pfingsten, der Versöhnungstag und das Fest des Hornblasens waren nicht länger die Überlieferung eines lange zurückliegenden und heiligen Gesetzes, das auf dem Berg Sinai auf Steintafeln geschrieben worden war, sondern sie waren die Anerkennung des Messias, der als unser Passahlamm gekommen war und ein Gesetz auf unsere Herzen geschrieben hatte. So wie Jeremia es vorhergesehen hatte – einen „neuen Bund" (Jer. 31,31-33).

Dies war nicht eine neue Religion, es war die Erfüllung des Judentums. Diese Gläubigen hörten auch nicht auf die Bezeichnung Christen. Erst in Antiochien (vgl. Apg. 11,26) wurde ein Anhänger Jeschuas überhaupt mit dieser hellenisierten Form bezeichnet. (Der Ausdruck „Christ" kommt von *christos*, dem griechischen Wort für Messias.) Nein, sie wurden „Nazoräer" genannt – sie folgten dem Mann aus Nazareth (vgl. Apg. 24,5). Man sagte auch, dass sie „des Weges wären" (Apg. 9,2). Andere sahen sie nur als eine andere jüdische Sekte (vgl. Apg. 28,22). Tertullus nannte Paulus „einen Anführer der Sekte der Nazoräer", als er vor dem Statthalter Felix Anklage erhob (Apg. 24,5). Aber der Ausdruck „Christ" blieb künftigen Tagen vorbehalten.

Die Vision des Petrus auf dem Hausdach des Gerbers in Joppe und die Begegnung des Paulus auf der Straße nach Damaskus brachten große Veränderungen. Die Gläubigen begannen, Heiden in ihrer Familie willkommen zu heißen, und sie mussten nicht erst Juden werden, um angenommen zu sein.

Dies war sehr verwirrend für ein Volk, das sich über so viele Jahre strikt von den Heiden fern gehalten hatte. In Jerusalem wurde ein Apostelkonzil einberufen. Einige waren vehement gegen diese Offenbarung. „Man muss sie beschneiden und ihnen gebieten, das Gesetz Moses zu halten", verlangten einige der gläubigen Pharisäer (Apg. 15,5).

Es gab viele Diskussionen und viele Zeugnisse, bevor eine Entscheidung gefällt wurde. Die Beschneidung und Einhaltung des Gesetzes waren für die Heiden nicht notwendig. Sie mussten jedoch darauf achten, ihre heidnischen Bräuche und unannehmbaren Moralvorstellungen, die dem Glauben an den einen wahren Gott widersprachen, aufzugeben (vgl. Apg. 15,19-21). Die Heiden waren dabei.

Das Profil des Leibes der Gläubigen erlebte eine rasche Umgestaltung. Viele griechische Namen kamen in den Reihen der Gläubigen hinzu: Gajus, Aristarchus, Trophimus, Theophilos. Städte wie Antiochia, Ephesus und Rom wurden bald zu einflussreichen Zentren der sich ständig ausbreitenden Familie.

Einige von Paulus' Reisebegleitern waren jüdisch, andere griechisch. Timotheus, der eine jüdische Mutter und einen griechischen Vater hatte, wurde beschnitten, bevor er Teil von Paulus' Team wurde. Auf der anderen Seite wurde dies von Titus, der ausschließlich griechischer Herkunft war, nicht verlangt.

Juden und Nichtjuden lernten miteinander zu leben. Zum ersten Mal! Aber was war mit Jesu jüdischen Nachfolgern? Waren sie nun auch von ihrer Identität als Abrahams natürlichem Samen befreit?

Immer ein Jude

Paulus war speziell zu den Heiden berufen (vgl. Apg. 9,15), und dennoch verlor er nie seine Leidenschaft für die Juden und blieb ein gesetzestreuer Jude bis ans Ende seines Lebens. „Denn ich selbst, ich habe gewünscht, verflucht zu sein von Christus weg für meine Brüder, meine Verwandten nach dem Fleisch; die Israeliten sind", sagt er zu den Römern. „Das Wohlgefallen meines Herzens und mein Flehen für sie zu Gott ist, dass sie errettet werden" (Röm. 9,3,4; 10,1). Es war ihm ein Anliegen, die nichtjüdischen Gemeinden wissen zu lassen, dass das Evangelium immer noch „dem Juden zuerst" (Röm. 1,16) galt. Wenn er in eine neue Stadt kam, war sein erster Halt immer bei der örtlichen Synagoge – in Salamis, in Antiochia in Pisidien, in Ikonion, Thessalonich, Beröa, Athen, Korinth und Ephesus (vgl. Apg. 13,5,14; 14,1; 17,2,10,17; 18,4; 19,8).

Sogar als Gefangener in Rom rief er die, „welche die Ersten der Juden waren, zusammen", „denen er das Reich Gottes auslegte und bezeugte. Und er suchte sie zu überzeugen von Jesus, sowohl aus dem Gesetz Moses als auch den Propheten" (Apg. 28,17,23). Einige wurden überzeugt, andere nicht. Paulus sagte seinen ungläubigen Brüdern, dass er sich nun den Heiden zuwenden würde, zu denen er speziell gesandt worden war. „*Sie* werden auch hören" (V. 28).

Obwohl der Apostel Paulus genauestens erklärt, dass die Erlösung allein durch das vollendete Werk des Messias Jeschua kommt, befolgte er treu lebenslang das jetzt erfüllte Gesetz und die Propheten.

Jerusalem war immer in seinem Herzen. Lukas berichtet von einer Begebenheit, als Paulus sich nach einer seiner langen Reisen beeilte, „um, wenn es ihm möglich wäre, am Pfingsttag in Jerusalem zu sein" (Apg. 20,16).

Obwohl Paulus genauestens erklärt, dass die Erlösung allein durch das vollendete Werk des Messias Jeschua kommt (vgl. Röm. 3,21,22), befolgte er treu lebenslang das jetzt erfüllte Gesetz und die Propheten. „Ich bin ein jüdischer Mann", erklärte er dem römischen Herrscher in Jerusalem als sein Lebensende nahte (Apg. 21,39). „Ich bin ein Pharisäer", erinnerte er den Sanhedrin (Apg. 23,6). „Aber dies bekenne ich dir, dass ich ... allem glaube, was in dem Gesetz und in den Propheten geschrieben steht", sprach er zu dem Statthalter Felix in der Verhandlung von Cäsarea (Apg. 24,14). „Weder gegen das Gesetz der Juden, noch gegen den Tempel ... habe ich in irgendeiner Weise gesündigt", erklärte er König Festus (Apg. 25,8). Seinen jüdischen Brüdern in Rom sagte er, dass er „nichts gegen das Volk oder die väterlichen Gebräuche getan habe" (Apg. 28,17).

Und doch wurde seine Loyalität als Jude ständig in Frage gestellt. Als er einmal nach Jerusalem zurück kam, wurde Paulus mit dem Gerücht konfrontiert, er habe den Abfall von Mose gelehrt und sage nun den jüdischen Gläubigen, sie sollen ihre Kinder nicht beschneiden oder nach den überlieferten Traditionen leben. Um zu beweisen, dass er immer noch gesetzestreu war, legte Paulus ein Gelübde ab. Er trug sogar die Kosten für einige andere Brüder, um jeden wissen zu lassen, dass nichts Wahres an diesen Berichten war und dass er tatsächlich noch das Gesetz befolgte (vgl. Apg. 21,21-24).

Einige fragen sich, ob Paulus dies nur tat, um Frieden unter den Jerusalemer Juden zu wahren. Wäre das der Fall gewesen, so wäre Paulus ein Heuchler, der in Jerusalem so und in Ephesus so handelte. Dies war aber ganz klar nicht der Fall, und doch versuchte dieser Mann tiefer Überzeugungen nicht, der einen Kultur eine andere aufzuzwängen, nicht einmal die jüdische Tora-Kultur. Er bestand bei den Galatern darauf, dass die Erlösung allein durch das vollendete Werk des Messias käme (vgl. Gal. 2,16), obwohl er selbst die Tora bis ans Ende befolgte.

Als der Apostel Jakobus Paulus in Jerusalem drängte, das Gelübde abzulegen, war er sich ziemlich gewiss, dass „[er] selbst auch zum Gesetz [steht] und es [befolgt]" (Apg. 21,24).[2] „Paulus legte dieses Gelübde nicht um eines Kompromisses willen ab, sondern aus dem echten Wunsch, Gott durch das Einhalten der

Tora zu ehren"[3], sagt Russ Resnik, einer des heutigen auferstandenen Überrestes. „Paulus befolgte immer noch die Tora, aber er war nicht mehr unter der Tora".[4]

Unser jüdischer Messias

Paulus brach dem Gesetz eine Lanze, obwohl er auch gesagt hatte: „Das Ende des Gesetzes ist Christus" (Röm. 10,4). Das Ende? Wie? „So ist also das Gesetz heilig", sagte er (7,12). „Ist das Gesetz Sünde? Das sei ferne! Aber die Sünde hätte ich nicht erkannt als nur durch Gesetz. Denn auch von der Begierde hätte ich nichts gewusst, wenn nicht das Gesetz gesagt hätte: ‚Du sollst nicht begehren!'" (7,7). „So ist also das Gesetz heilig und das Gebot heilig und gerecht und gut" (V. 12). „Heben wir denn das Gesetz auf durch den Glauben?" Das sei ferne! Sondern wir bestätigen das Gesetz" (3,31).

Jesus hat deutlich gemacht, dass Er nicht kam, um das Gesetz und die Propheten aufzuheben, sondern um sie zu erfüllen (vgl. Mt. 5,17). Aber das Gesetz ist noch nie in der Lage gewesen, einen Menschen gerecht zu machen. Es geschieht nur durch den Heiligen Geist, „dass die Rechtsforderung des Gesetzes erfüllt wird" (Röm. 8,4).

Was meint Paulus also, wenn er sagt, dass Christus das Ende des Gesetzes sei? Vielleicht lässt David Stern, ein messianisch-jüdischer Gelehrter, dies durch seine Übersetzung des Verses deutlicher werden. Stern weist darauf hin, dass das griechische Wort *telos*, das hier mit „Ende" übersetzt wird, genauso „Vollendung, Ziel, Zweck, Ergebnis oder Vollzug" bedeuten kann. Stern schreibt: „Denn das Ziel, auf das die Tora hinarbeitet, ist der Messias".[5] Christus ist die Vollendung, das Ziel, der Zweck, der Vollzug des Gesetzes.

Was bedeutet Judaisierung? Kam die Einhaltung des Gesetzes durch Paulus der Judaisierung des Glaubens gleich? Nein. Paulus verlangte von den Heiden nicht, sich wie Juden zu verhalten. Judaisten waren jene, die darauf bestanden, dass die Beschneidung und Befolgung des Gesetzes Mittel der Rechtfertigung waren, oder jene, die darauf bestanden, dass die Heiden jüdische

Gesetze befolgen sollten. Das vollendete Werk des Messias gilt sowohl für Juden als auch für Heiden. Die Erlösung kommt durch den Glauben an das, was der Messias bereits getan hat – Seinen Sühnetod am Kreuz für unsere Sünden. Ansonsten bedarf es nichts mehr. Nicht unsere Opfer, nicht unsere Werke. Paulus erinnerte darum sowohl Juden als auch Griechen daran, dass Gott uns „nicht aus Werken“ errettete, „die, in Gerechtigkeit vollbracht, wir getan hätten, *sondern nach seiner Barmherzigkeit*“ (Tit. 3,5, Hervorhebung des Autors). Auch wenn jüdische Gläubige immer noch das Gesetz befolgen, so ist es nicht die Quelle ihrer Rechtfertigung.

Diese jüdisch/nichtjüdische Erfahrung schien zu funktionieren. Die Juden hatten gewusst, dass die Heiden eines Tages zum Glauben an den einen wahren Gott kommen würden. Dies war ein wesentlicher Bestandteil des Auftrags des Messias. Jesaja hatte es prophezeit: „Und nun spricht der HERR, ... ja er spricht: Es ist zu wenig ... So mache ich dich auch zum Licht der Nationen, dass mein Heil reiche bis an die Enden der Erde“ (Jes. 49,5,6).

Nein, es war für die Juden keine Überraschung. Sie waren nur über den Zeitpunkt überrascht. Schließlich regierte der jüdische Messias noch nicht sichtbar in Jerusalem. Rom hatte immer noch die Kontrolle.

Dann passierte etwas, was kataklystische Veränderungen heraufbeschwor. Die Spannung zwischen Rom und Jerusalem eskalierte. Römische Armeen umzingelten die Stadt. Die folgende Belagerung dauerte zwei Jahre, aber schließlich wurde die Stadt zerstört und der Tempel lag in Trümmern.

Jüdische Gläubige, die sich an die Rede auf dem Ölberg erinnerten (vgl. Mt. 24, Mk. 13 und Lk. 21) flohen über den Jordan nach Pella. Ihre Flucht bewirkte zweierlei: Sie wurden noch stärker von ihren jüdischen Geschwistern getrennt, die sie nun für Verräter hielten, die vielleicht sogar mit den Römern zusammenarbeiteten, und erodierte weiter die Leiterschaft unter den jüdischen Gläubigen. Einige der nichtjüdischen Gläubigen begannen, die Zerstörung Jerusalems als Gottes letztes Gericht über Israel zu interpretieren. Zweifellos, so wähnten sie, war Er am

Ende mit Seinem „auserwählten“ Volk, und ihre Verheißungen gehörten jetzt der „Kirche“.

Sechzig Jahre später besiegelte ein historisches Ereignis das Schicksal der jüdischen Kirche von Jerusalem. Der Bar-Kochba-Aufstand in den Jahren nach 130 n. Chr. wurde niedergeschlagen und den Juden wurde verboten, die Stadt zu betreten. Als ob dies noch nicht genug wäre, baute Kaiser Hadrian die Stadt wieder auf, nannte sie Aelia Capitolina und weihte sie drei heidnischen Göttern. Jeder Gläubige, der sich noch in der Stadt aufhielt, war Nichtjude. Sie übernahmen die Kontrolle der heiligen Stätten und festigten ihre Position als Leiter der Jerusalemer Kirche.

Es gab immer noch zerstreute jüdische Gläubige in der Diaspora – all jene außerhalb Jerusalems und des Landes – und bis ins 4. Jahrhundert gab es sogar in den jüdischen Synagogen Messiasgläubige, aber es war nur noch wenig jüdischer Einfluss vorhanden.[6] Es überrascht uns dann nicht, dass die nichtjüdischen Christen sie immer weniger verstanden.

Als Shmuel Suran viele Jahrhunderte später seine Ausgabe des jüdischen *Brit Chadaschah* in New York City in die Hand nahm, war die jüdische Verbindung zum christlichen Glauben fast vergessen. Nur wenige denken jemals darüber nach, dass es immer noch der jüdische Messias ist, der zur Rechten des Vaters sitzt und sich für uns verwendet (vgl. Röm. 8,34).

Die Kirche ist in ihrer Glaubenspraxis so nichtjüdisch geworden, dass jene unter uns, die einen biblischen jüdischen Ausdruck wieder hervorkehren, oft als ein wenig sonderbar angesehen werden – ein kleiner Preis für die Wiederentdeckung unserer jüdischen Wurzeln.

Anmerkungen

1. Shmuel Suran und seine Frau Pamela leben in Jerusalem. Er ist Teil des Dienstes *Chazon Jeruschalajim* (Jerusalem Vision).
2. David H. Stern, *The Complete Jewish Bible: An English Version of the Tanakh (Old Testament) and B'rit Hadashah (New Testament)* (Clarksville, MD: Jewish New Testament Publications, 1998).
3. Russell L., *The Root and the Branches: Jewish Identity in Messiah* (Albuquerque, NM: Adat Yeshua, 1997), S. 72, 73
4. Ebd. S. 80

5. David H. Stern wurde 1935 in Los Angeles als Urgroßenkel von zwei der ersten 20 Juden dieser Stadt geboren. Er erwarb sich einen Ph. D. in Volkswirtschaft an der Princeton University und unterrichtete an der UCLA. 1972 kam er zum Glauben an Jeschua; am Fuller Theological Seminary erwarb er sich den Abschluss als Master of Divinity. Seine Abschlussarbeit schrieb er an der University of Judaism. Dr. Stern lehrte die ersten Kurse über Judentum und Christentum am Fuller Seminary, organisierte messianisch-jüdische Konferenzen und Leitertreffen, und war innerhalb der Messianic Jewish Alliance of America tätig. 1979 vollzog Familie Stern, seine Frau Martha Frankel und ihre zwei Kinder, die *Alija* (Immigration in Israel) und lebt heute in Jerusalem. Dr. Stern ist Autor mehrerer Bücher und Übersetzer der *Complete Jewish Bible*, siehe oben.
6. Ray A. Pritz, *Nazarene Jewish Christianity: From the End of the New Testament Period Until Ist Disappearance in the Fourth Century* (1988, Neuauflage, Jerusalem: Magnus Press, The Hebrew University, 1992) ist eine gut belegte Zeitgeschichte dieser frühen Jahrhunderte.

Kapitel 6

Die Kirche wird „nichtjüdisch“

Dann hat Gott also auch den Nationen die Buße gegeben zum Leben.

Apostelgeschichte 11,18

Als ich kürzlich mit einem Freundeskreis von Juden und Nichtjuden in Spanien war, besuchte ich historische Stätten antijüdischer Gesetzgebung und Verfolgung in der Vergangenheit. In Granada standen wir im Botschaftersaal des Alhambra-Palastes, wo Ferdinand und Isabella 1492 einen Erlass unterzeichnet hatten, durch den Juden ausgewiesen und ihr Besitz konfisziert werden konnte.[1] Da waren wir also, um historischen Ereignissen nachzugehen, Sünden zu bekennen und stellvertretend für die längst verstorbenen Vorfahren, deren Entscheidungen sich bis heute auf uns auswirken, um Vergebung zu bitten.

Es waren sehr emotionale Zeiten, aber nichts hatte uns auf das vorbereitet, was wir in Toledo zu sehen bekamen, als wir in einer Altstadtstraße um die Ecke bogen und auf San Juan de los Reyes zugingen. Von den Mauern dieses alten Klosters hingen immer noch die Ketten, mit deren Hilfe die jüdische Bevölkerung vor fünf Jahrhunderten gefoltert und getötet wurde, als grausame Erinnerung an eine düstere Vergangenheit. Es war kein verlassenes Gebäude. Reiskörner übersäten das Kopfsteinpflaster außerhalb der Kathedrale, wo eine Hochzeitsgesellschaft einige Stunden zuvor gefeiert hatte.

Warum hingen die Ketten immer noch dort? Warum waren sie noch nicht entfernt worden? Unsere kleine Gruppe konnte sich keinen Reim darauf machen. Peinlich berührt, beschämt und verblüfft senkten wir unsere Köpfe und zogen uns zurück. Und doch spürte ich in den Wellen der Traurigkeit und Scham auch eine gewisse Stumpfheit in meinem Herzen, als gäbe es keine Möglichkeit, Gefühle zu entwickeln, die tief genug wären, um das auszudrücken, was man in einem solchen Moment spüren sollte.

Um die Ecke lag ein kleiner Park. Wir steuerten auf dieses kleine Areal zu und standen dicht zusammen, immer noch sprachlos vor Entsetzen. Dann setzte sich eine unserer jüdischen Mütter auf den Boden und fing an, Staub auf ihr Haupt zu häufen. Es war ihre Art, das auszudrücken, was sich eigentlich nicht ausdrücken lässt. Ich setzte mich zu ihr und tat es ihr gleich. Andere, Juden und Nichtjuden, umarmten einander. Nach einer langen Zeit der Schweigens fing jemand an, das *Kaddisch* aufzusagen – das jüdische Totengebet – und ehrte so die jüdischen Männer, Frauen und Kinder, die von vergangenen Generationen von „Christen" gefoltert und umgebracht worden waren.

Damals im ersten Jahrhundert hatten die Juden uns großzügig als Ebenbürtige in ihrer Familie empfangen. Aber wir hatten sie abgelehnt. Wie war es dazu gekommen?

Paulus, der Apostel der Heiden, hatte in den letzten Tagen seines Lebens begonnen, Anzeichen der Gefahr zu sehen. „Rühme dich nicht gegen die Zweige", warnte er die Römer. „Wenn du dich aber gegen sie rühmst – du trägst nicht die Wurzel, sondern die Wurzel dich. Sei nicht hochmütig" (Röm. 11,18,20).

Doch hochmütig waren wir. Paulus' Ermahnung ist 20 Jahrhunderte lang ungehört verhallt.

Wer tötete den Messias?

Bis zur Mitte des dritten Jahrhunderts, als Origenes lebte und wirkte, hatte sich unter den meisten Christen die Ansicht verfestigt, dass die Zerstörung Jerusalems und die Zerstreuung der Juden Gottes Maßnahmen waren, um der Welt zu zeigen, dass Er mit ihnen fertig war. Sie „werden nie mehr ihre einstige Stellung wiedererlangen. Denn sie haben ein Verbrechen der unheiligsten Art begangen, indem sie sich gegen den Erlöser der menschlichen Rasse verschworen", schrieb Origenes in *Gegen Celsus*.[2]

Was war aus Römer 11,1 und 11 geworden? „Hat Gott etwa sein Volk verstoßen? Das ist ausgeschlossen! Sind sie etwa gestrauchelt, damit sie fallen sollten? Das ist ausgeschlossen!“ Und was war mit Jeremia? Hatten Origenes und andere dessen Prophetie übersehen, dass Israel eine Nation bleiben würde, solange die Sonne am Himmel steht (vgl. Jer. 31,35-37)?

Hatten sich die Juden *allein* „gegen den Erlöser verschworen“? War es nicht Pilatus, ein Heide, der das letzte Wort hatte? Und was war mit den römischen Soldaten? Führten sie nur die Befehle aus? Ja. Aber sie waren aktiv beteiligt an Seiner Verhaftung, Folterung und Kreuzigung.

Dennoch ging die Kirche kein Risiko ein. Kaiser Konstantin berief 325 n. Chr. das Konzil von Nizäa ein, um einige dogmatische Unstimmigkeiten zu klären, aber er wollte auch sicher stellen, dass die Kirche sich ein für allemal von diesen „befleckten Sündern“ trennte, die ihre Hände mit „einem ruchlosen Verbrechen“ besudelt hatten.[3] Sie brauchten ein Auferstehungsfest, das zu einem anderen Zeitpunkt als das Passahfest stattfand. Das Passahfest war zu jüdisch!

„Es ist uns als eine unwürdige Sache erschienen, dass wir in der Feier dieses heiligsten Festes der Praxis der Juden folgen sollten, die ihre Hände so ruchlos mit einer ungeheuerlichen Sünde besudelt haben, und deshalb verdientermaßen mit Blindheit der Seele geschlagen sind“, schrieb Konstantin an die versammelten Bischöfe in Nizäa.[4]

Auf der abschließenden Versammlung des Konzils bekam Konstantin seinen Willen und feierte das Ergebnis mit einem großen Kirchenbankett. Der römische Kalender hatte gesiegt. Die jährliche Feier der Auferstehung des Herrn trug nun einen neuen Namen – Ostern – in seltsamer Nähe zu *Eostre*, der teutonischen Frühlingsgöttin, ohne Ähnlichkeit zu *Pessach* oder dem Passahfest, von dem es ursprünglich herkam. Gottes Kalender für das Passahfest war von jener Zeit an von der Westkirche unterjocht worden.

Der Prophet Daniel hatte in einer Vision vier große Tiere und einen König gesehen, der „danach trachten [wird], Festzeiten und Gesetz zu ändern“ (Dan. 7,25). Indem er darauf bestand, dass die Kirche Gottes Kalender verändert, wurde Konstantin zum Vorläufer eines anderen Weltherrschers, der noch kommen wird. Und die Kirche entfremdete sich noch mehr von ihren Wurzeln und ihren geistlichen „Eltern“.

„Ihr seid an deren Stelle gesetzt“, versicherte Johannes Chrysostomos seiner Herde ein paar Jahre später.[5] Von jüdischen Menschen, die zum Glauben gekommen waren, erwartete man nun, dass sie alles Jüdische ablegten. Wenn sie sich weigerten, wurden sie als Ketzer betrachtet und zogen den Unwillen einer verwirrten Nichtjüdischen Kirche auf sich.

Nachfolgende Generationen von Theologen akzeptierten diese „Enterbungstheorie“ als Dogma.[6] Jeremia und Paulus waren vergessen; ihre klaren Worte wurden uminterpretiert.

Beim 2. Nizänischen Konzil im Jahre 787 n. Chr. mussten gläubige Juden den Beweis antreten, dass sie „Christen“ waren. Man verweigerte ihnen beispielsweise durch einen Erlass des Kirchenrates das Heilige Abendmahl, es sei denn, sie gaben die Einhaltung der Sabbatruhe oder andere jüdische Bräuche auf. In einigen Fällen mussten sie die Verleugnung ihrer Wurzeln beweisen, indem sie vor Zeugen Schweinefleisch zu sich nahmen.[7]

Die Laterankonzilien der Jahre 1179 und 1215 n. Chr. geboten den Juden, in abgesonderten Stadtvierteln zu leben und Kleidungsstücke zu tragen, die sie von den Christen unterschieden. Diese Erlasse ebneten den Weg für das Leben im Getto und die gelben Abzeichen, die sie vor und während des Nazi-Holocausts tragen mussten.

Martin Luther brachte Millionen Menschen durch die Reformationsbewegung des 16. Jahrhunderts neue Hoffnung. Der Brief des Paulus an die Römer hatte ihm selbst neues Leben gegeben. Aber Luther scheint nicht einen Schimmer von Römer 11,28,29 verstanden zu haben: „Hinsichtlich des Evangeliums sind sie zwar Feinde um euretwillen, hinsichtlich der Auswahl aber Geliebte um der Väter willen. Denn die Gnadengaben und die Berufung Gottes sind unbereubar.“ Luthers Kommentar? „Das Wort ‚Feinde‘ muss hier im passiven Sinne verstanden werden, denn sie [die Juden] verdienen es, gehasst zu werden. Gott hasst sie, und so werden sie von den Aposteln und von allen, die Gottes sind, gehasst.“[8]

Gott hasst sie? Ganz im Gegenteil. Paulus sagt vielmehr: „Sie sind Geliebte". Weiter vorn im gleichen Kapitel sagt Paulus, dass sie nicht verstoßen sind. Sie sind nicht für immer gefallen. Sie werden wieder aufstehen. Es wird eine Zeit großen Reichtums werden.

So viel Luther dazu beitrug, die Kirche zu reformieren, so sehr verhalf er dem Vormarsch einer erneuten Ablehnung der auserwählten Familie Gottes. Jahre später musste Hitler nicht lange nach einer Rechtfertigung für seinen Judenhass suchen. Luther wird in der klassischen Schrift *Mein Kampf* des grausamen Diktators zitiert!

In diesen Jahren gab es keinen sicheren Ort für einen jüdischen Gläubigen. Entweder verschwieg er seinen Glauben und blieb in seiner örtlichen Synagoge – und verleugnete so den Herrn – oder er bekannte seinen Glauben und wurde gezwungen, die jüdische Gemeinschaft zu verlassen und Teil der fremden Welt der Nichtjuden zu werden, wodurch seine Identität als Jude für die Zukunft verloren ging.

Ich denke auch über jene Menschen nach, die einst an den Ketten von San Juan de los Reyes hingen. Waren sie Juden, die gezwungen worden waren, ihre Loyalität gegenüber einem unsichtbaren König, den sie nicht einmal kannten, auszudrücken? Oder waren sie jüdische Gläubige, die sich geweigert hatten, ihre jüdischen Wurzeln abzulegen? Ich kann meine Augen schließen und sie immer noch sehen. Schweigende Zeugen des Grauens einer gefallenen Kirche.

Und wer tötete den Messias? Die Sünden von Adams gesamter Familie lasteten an jenem Tag auf den Schultern des Messias. Unsere Sünden haben Ihn ans Kreuz genagelt. Er kam, um sowohl Juden als auch Heiden zu erlösen, und es waren Juden und Heiden, die Ihn zum Tod verurteilten.

Die Entfremdung bleibt

In unserem eigenen Jahrhundert durchdringt der Gedanke, dass die Kirche Israels Platz eingenommen hat, unser Denken noch immer so stark, dass selbst moderne Bibelausgaben häufig Randbemerkungen und Kapitelüberschriften aufweisen, die diesen alten Irrtum, der den Judenhass verursacht hat, unterstützen.

Ein bekanntes Wörterbuch zur Bibel kommentiert Paulus und seine Beziehung zu seiner jüdischen Herkunft wie folgt:

> Paulus argumentierte, dass die Juden die Verheißungen verwirkt hatten, die Abraham durch Glauben und nicht durch das Gesetz erhalten hatte (Röm. 4,13). „Die aus Glauben sind, die sind Abrahams Söhne" (Gal. 3,7), und deshalb konnten nun Christen, und nicht Juden beanspruchen, von den israelitischen Patriarchen abzustammen. Die Kirche war in Wirklichkeit die „zwölf Stämme, die in der Zerstreuung sind" (Jak. 1,1).[9]

In diesem hervorragenden Wörterbuch werden die Worte des Paulus gebraucht, um etwas zu erklären, was Paulus klar abgelehnt hatte, nämlich dass die Heiden Israels Platz eingenommen hätten. Paulus bestand in der Tat darauf, dass der Glaube und nicht die selbstgerechte Einhaltung des Gesetzes rettet. Aber nirgendwo nennen er oder Jakobus die Heiden „die zwölf Stämme in der Zerstreuung".

Der Gedanke, dass die Kirche Israel ersetzt hat, durchdringt unser Denken noch immer so, dass selbst moderne Bibelausgaben häufig diesen alten Irrtum, der den Judenhass verursacht hat, unterstützen.

Eine Studienbibel[10], die in allen anderen Punkten eine gute Arbeit ist, hebt die weit verbreitete Akzeptanz der geistlichen Verwerfung Israels und den Aufstieg der Kirche hervor. Beispielsweise lauten die Kapitelüberschriften in Jesaja:

> Jesaja 41: *Gott spricht von seiner gnadenvollen Vorsehung in Bezug auf seine Kirche*

Jesaja 43: *Der Herr tröstet die Kirche mit seinen Verheißungen*
Jesaja 52: *Die Kirche wird durch Gottes Verheißung der freien Erlösung geweckt*
Jesaja 60: *Die Herrlichkeit der Kirche durch den Zustrom des Reichtums der Nationen*
Jesaja 65: *Die Heiden werden berufen, die Juden verworfen. Ein Überrest wird gerettet. Der gesegnete Stand des neuen Jerusalem*

Die Seitenüberschriften machen diese Betonung noch deutlicher:

Gottes Gnadenerweise für die Kirche
Gottes Verheißungen für die Kirche
Die Wiederherstellung der Kirche
Der Eifer des Propheten für die Kirche
Bekenntnis und Klage der Kirche

Durch diese ständige Bezugnahme auf die Kirche, die in keinem dieser Kapitel erwähnt ist, wird das wirkliche Thema Israel übersehen.

Hören Sie auf die Aussage eines anderen Autors der Gegenwart: „Die Nation und das Königreich, die uns nicht dienen wollen‘ (Jes. 60,12); ‚Er unterwarf uns die Völker und die Völkerschaften unter unsere Füße’ (Ps. 47,4) – Verheißungen, die ursprünglich Israel galten, sollen sich jetzt im Neuen Israel, der Kirche, erfüllen.“[11]

Die Verheißungen Israels stehen tatsächlich auch den Nichtjuden zur Verfügung, aber nur dadurch, dass sie in den Bund mit dem erlösten Israel treten und eine Partnerschaft mit ihm eingehen. Paulus schreibt sehr deutlich, dass diejenigen, die von Geburt Heiden waren und getrennt von Christus gelebt hatten, „ausgeschlossen vom Bürgerrecht Israels und Fremdlinge hinsichtlich der Bündnisse der Verheißung“ waren und nun durch das Blut des Messias mit *eingeschlossen* wurden. „So seid ihr nun nicht mehr Fremde und Nichtbürger, sondern ihr seid Mitbürger der Heiligen und Gottes Hausgenossen“ (Eph. 2,12;19).

Wir Nichtjuden sind Bürger Israels geworden. Das ist unser einziger Zugang zu Israels Verheißungen. Wir waren einst „Fremdlinge hinsichtlich der Bündnisse der Verheißung", aber jener Tag liegt in der Vergangenheit. Israels Messias ist nun unser Messias.[12]

Wir haben es dem jüdischen Volk schwerer gemacht, Ihn zu empfangen. Wir stellen Forderungen, die sie abschrecken. Die Geschichte der Verwirrung ist sehr lang, die Wunden sehr tief.

Eine Gruppe moderner Theologen denkt, dass wir nicht länger den Wunsch verfolgen sollten, den Juden von Jesus zu erzählen. Diese Gelehrten haben eine ganz neue Theologie entwickelt – sie sprechen von dem sogenannten „Dualen Bund" – und der Gedanke ist, dass die Juden Jesus nicht bräuchten, dass sie durch ihren Bund mit Abraham errettet sind und dass nur die Nichtjuden durch Jesus gerettet werden müssen.

Welch eine Verzerrung!

Als ob es nicht reicht, dass wir den nächsten Blutsverwandten Jesu den Rücken zugekehrt haben. Nun beschließen wir auch noch, dass sie ihren eigenen Messias nicht brauchen!

Das ist keine Antwort. Jesus ist der Messias von Juden und Heiden, oder Er ist nicht der Messias.

Jeder wahre Christ verabscheut technisch geplante und manipulative Bekehrungsmethoden. Wir verachten Einschüchterungen. Wir trauern über unsere Vergangenheit. Aber dennoch braucht das jüdische Volk sehr wohl einen Erlöser, genau wie wir. Wir lieben die Juden. Wir segnen sie. Wir schützen sie in Verfolgung. Wir stellen keine Forderungen an sie. Aber Er ist auch ihr Messias. Wir wagen es nicht, diese Tatsache zu verdrängen.

„Jerusalem wird zertreten werden von den Nationen, bis die Zeiten der Nationen erfüllt sein werden" (Luk. 21,24)! In der Tat prophetische Worte. Dennoch hätte sich keiner von Jesu Zuhörern vorstellen können, was sich in den nächsten Jahren abspielen würde: dass Nichtjuden die Kontrolle über die Mosebücher und die Propheten an sich reißen würden, und zwar auf eine Art und

Weise, dass sie die Bibel, Gottes inspiriertes Wort, in einem Maße für sich in Anspruch nehmen würden, dass sie hauptsächlich als ein Buch der Nichtjuden bekannt würde; dass dieser Mann, an den sie nun glaubten, dieser Messias, dieser Christus, so „nichtjüdisch“ würde, dass Sein eigenes Volk Ihn nicht einmal mehr als Blutsverwandten erkennen konnte; dass Millionen von Juden des 20. Jahrhunderts durch die Hände jener Menschen umgebracht würden, die ihrem Messias nur Lippenbekenntnisse schenkten. Jeschua, Davids Sohn, Gottes Sohn, war zu Jesus Christus, Erlöser der Heiden geworden. In früheren Zeiten hatten die Juden uns in ihrer Familie willkommen geheißen, aber wir lehnten sie nun ab. Im Herzen der Kirche waren die Heiden drin, aber die Juden waren draußen.

Die Kirche nahm an, dass alles in Ordnung sei, aber dem Herrn gefiel diese Abweisung ganz und gar nicht. Und es gab einen Preis dafür. Die Menschen, die Gottes erwählte Familie abgewiesen hatten, würden nicht einmal untereinander zur Einheit finden.

Anmerkungen

1. „Isabella I“, *Encarta Encyclopedia*, 1998, CD-ROM
2. Origenes, *Gegen Celsus*, zitiert in Ray A. Pritz, *Nazarene Jewish Christianity, From the End of the New Testament Period Until Ist Disappearance in the Fourth Century* (1998; Neuauflage, Jerusalem: Magnus Press, The Hebrew University, 1992), S. 21
3. Konstantin, zitiert in Dan Gruber, *The Church and the Jews* (Hanover, NH: Elijah Publishing, 1997), S. 35
4. Ebd.
5. Johannes Chrysostomos, *Homilies on the Acts of the Apostles and the Epistle to the Romans*, aus: *A Select Library of the Nicene and Post-Nicene Fathers of the Christian Church*, Bd. 11, Hrsg. Philip Schaff (New York: The Christian Literature Company, 1889), S. 491
6. Die „Enterbungstheologie“ ist der Glaube, dass Gott mit Israel am Ende sei und die Nichtjüdische Kirche ihre Stelle eingenommen habe, dass Israel und das jüdische Volk in der Zukunft keine besondere Rolle mehr spielen werde.
7. Kanon VIII des Zweiten Nizänischen Konzils

8. Martin Luther, *Commentary on the Epistle to the Romans*, übers. von J. Theodore Mueller (Grand Rapids, MI: Zondervan Publishing House, 1954), k. S.
9. *Harper's Bible Dictionary*, 1985, "Israel"
10. *Thompson Chain Reference Bible*, 4. verbesserte Ausg. (Indianapolis, IN: B. B. Kirkbride Company), 1964
11. David Chilton, *The Days of Vengeance: An Exposition of the Book of Revelation* (Fort Worth, TX: Dominion Press, 1984), S. 117
12. Eine der Schriftstellen, die gelegentlich zur Stützung der „Enterbungstheologie", also der Vorstellung, dass die Kirche die Stelle Israels eingenommen habe, herangezogen wird, ist die Schlussfolgerung des Paulusbriefes an die Galater (6,16). In den eigenhändigen Segenswünschen schreibt Paulus: „Friede und Barmherzigkeit über sie und über das Israel Gottes". Es wird argumentiert, dass Paulus sich hier auf die Kirche als „das Israel Gottes" beziehe. Als Ersatz für Israel? Wer sagt das? Wie kann „das Israel Gottes" plötzlich „die Kirche" bedeuten, wenn es seit den Tagen Abrahams, Isaaks und Jakobs nur eines war: „das Israel Gottes"!

    Es könnte höchstens sein, dass Paulus gläubige Nichtjuden mit einbezieht, da er den römischen Gläubigen versichert hat, dass die Heiden in den jüdischen Ölbaum mit eingepfropft worden sind (vgl. Röm. 11,17,18). In seinem Brief an die Römer bleibt er dabei, dass sie die jüdischen Wurzeln nicht ersetzen, sondern an ihnen teilhaben (vgl. Röm. 11,11-24). Im Galaterbrief betont Paulus nun kontinuierlich, dass das Gesetz noch nie errettet hat und es auch nie erlösen wird, dass die Erlösung und Heiligung durch das vollendete Werk des Messias durch den Heiligen Geist geschieht, und dass die Heiden somit nicht unter die mosaischen Bestimmungen für Israel treten müssen. Aber nirgendwo deutet er an, dass Israel von Gott enterbt sei.

    Nachdem er einen ganzen Brief geschrieben hatte, um vor jenen Leuten zu warnen, die von den Nichtjuden verlangen wollten, die Tora zu halten (vgl. Gal. 2,13,14), oder den Gehorsam gegenüber der Tora zu einer Erlösungsbedingung für Juden machen wollten (vgl. V. 15,16), schließt er den Brief mit der Aussage, dass weder die Beschneidung noch das Unbeschnittensein etwas bedeutet; was zählt, ist eine neue Schöpfung (vgl. Gal. 6,15). Mit anderen Worten kann nicht das Jüdisch-Sein oder das Nichtjüdisch-Sein erlösen; es ist das Blut des Messias.

    Achten Sie noch einmal genau auf den Segensgruß: Friede und Barmherzigkeit all denen, die dieser Richtschnur folgen werden

(Gal. 6,16). Wer sind diejenigen, die dieser Richtschnur folgen? Es sind sowohl nichtjüdische als auch jüdische Gläubige – alle, die durch das vollendete Werk des Messias am Kreuz zum Glauben gekommen sind. Aber das Gebet des Paulus für Friede und Barmherzigkeit geht über diejenigen, die bereits Nachfolger sind, hinaus.

In wahrhaft jüdischer, dichterischer Stilistik weitet er seine ursprünglichen Bemerkungen aus. Er denkt auch an jene, die ihren Messias noch erkennen müssen. Er erinnert sich dabei vielleicht auch an die Ermahnung des Psalmisten, für den Frieden Jerusalems zu beten (Ps. 122,6), während der über das Schicksal seiner eigenen Landsleute nachdenkt. Jesajas Worte, die all jene, die den Herrn anrufen, daran erinnern, nicht zu ruhen, bis Jerusalem wieder gegründet und der Ruhm der Erde ist, mögen in seinem Herzen pulsiert haben, als er diesen letzten Satzteil „und über das Israel Gottes" hinzufügt. Als ein für die Heiden berufener Apostel mag er auch an die zahllosen Nichtjuden gedacht haben, die in die Familie des Glaubens eingepfropft werden sollen, indem sie Teilhaber der Verheißungen Abrahams durch Israels verheißenen Erlöser werden.

Aber in keiner Weise deutet Paulus an, dass Gott mit Israel am Ende sei und die Kirche seinen Platz eingenommen habe. Nichts im Galater- oder Römerbrief oder in irgendeinem anderen Brief des Paulus oder der anderen Apostel lässt diese Deutung zu, es sei denn wir sind kulturell zu diesem Denken erzogen worden. Mag das Wort Gottes für sich selbst sprechen.

Kapitel 7

Spaltung – Die DNA der Nichtjüdischen Kirche

Was ein Mensch sät, das wird er auch ernten.

Galater 6,7

Die frühen Gläubigen „waren beisammen und hatten alles gemeinsam" (Apg. 2,44). Sie waren „*ein* Herz und *eine* Seele" (Apg. 4,32). Im Garten Gethsemane betete Jesus, dass wir alle eins sein mögen, „damit die Welt glaube, dass du mich gesandt hast" (Joh. 17,21).

Aber wir sind *nicht* eins. Es gibt heute über 160 verschiedene kirchliche Traditionen mit 23.300 klar abgegrenzten, sich voneinander unterscheidenden Denominationen innerhalb des gesamten Leibes Christi![1]

Indem wir mit denen brachen, die uns geboren hatten, hat die Kirche eine Spaltung nach der anderen hervorgebracht. Jede neue Bewegung ließ eine neue Kirche entstehen, und jede Reformation eine neue Denomination.

Das natürliche Gesetz, das für Gottes gesamte Schöpfung gilt – sozusagen ihre DNA – hat sich auch auf die Kirche ausgewirkt. Wir haben uns „nach unserer Art" (1. Mo. 1,11) vermehrt. Indem wir mit denen brachen, die uns geboren hatten, hat die Kirche eine Spaltung nach der anderen hervorgebracht. Jede neue Bewegung ließ eine neue Kirche entstehen, und jede Reformation eine neue Denomination. 19 Jahrhunderte später haben wir die Orthodoxe Ostkirche und die Römisch-Katholische Konfession, Anglikaner und Protestanten, Calvinisten und Arminianer, Lutheraner, Baptisten, Methodisten, Nazarener und Pfingstler, denominationelle und unabhängige Freikirchen.

Die Familienzugehörigkeit war noch feststellbar, aber eine Mutation zirkulierte nun in unserem Blutkreislauf. Mutationen verursachen vielleicht nur eine winzige Veränderung in der ersten Generation, aber sie können schließlich zu „großen Abweichungen wie schweren Deformierungen oder Krankheiten führen".[2]

Es begann alles mit jener ersten Spaltung, als die Nichtjüdische Kirche eine Vorrangstellung bekam. Marty Waldman schreibt dazu:

> Die klaffende Wunde des Schismas zwischen Juden und Heiden stellt den „Großpapa" aller Wunden im Leib des Messias dar. Alle anderen Wunden der Kirchenspaltungen stammen aus dieser ursprünglichen Wunde. Weil die Kirche zu der Annahme gelangt war, dass sie über Israel und das Messianische Judentum erhoben sei, hat dieser Geist der Erhabenheit das Christentum in allen Epochen verfolgt. Die Orthodoxe Kirche glaubt, dass die Römisch-Katholische gegen sie rebelliert. Die Römisch-Katholische Kirche hat die Protestanten immer als religiöse Rebellen betrachtet. Die vielen Denominationen und Abspaltungen innerhalb der Protestantischen Kirche sind primäre Resultate dessen, dass eine Gruppe von Christen sich über eine existierende Gruppe erhob, weil sie glaubten, eine „noch reinere Lehre" gefunden zu haben. Diese Erhabenheit über andere hat schließlich die Verheißungen Gottes für die vorherige Gruppe wirkungslos werden lassen.[3]

Es war Mose, der Gott zuerst sagen hörte: „Mein erstgeborener Sohn ist Israel" (2. Mo. 4,22). Der erstgeborene Sohn hat eine nicht zu ersetzende Ehrenposition innerhalb der Familie. Paulus sprach speziell über Israel, als er schrieb: „Denn die Gnadengaben und die Berufung Gottes sind unbereubar" (Röm. 11,29).

Nichtjüdische Christen – Der daheimgebliebene Sohn

Im Lukasevangelium erzählt Jesus die Geschichte vom verlorenen Sohn, in welcher der jüngere Sohn das Zuhause verlässt, in ein fremdes Land zieht und sein Erbe verprasst (vgl. Lk. 15,11-31). Sehr viel später erst „als er aber in sich ging", machte er sich auf den Heimweg. „Als er aber noch fern war, sah ihn sein Vater und wurde innerlich bewegt und lief hin und fiel ihm um seinen Hals und küsste ihn" (V. 20). Es wurde königlich gefeiert. „Denn dieser mein Sohn war tot und ist wieder lebendig geworden", freute sich der Vater (V. 24).

Aber der ältere Sohn war verstimmt. Sein Bruder hatte das Erbteil durchgebracht und das hätte eigentlich das Ende sein müssen. Es gab mit Sicherheit keinen Grund zum Feiern. Dieser junge rebellische Bruder hatte bei der Schweinemast in jenem „fernen Land" das bekommen, was er verdiente. Nun sollte alles *ihm* gehören, dem treuen, älteren Sohn. „*Ich* war derjenige, der all die Jahre für dich geschuftet und deine Anweisungen nie übertreten hat", erinnerte er den Vater, „und du hast für *mich* nie eine so große Feier veranstaltet" (V. 29, vom Autor paraphrasiert).

Die Familiensaga der Heiden ist die Umkehrung dieser Geschichte. Der erstgeborene Sohn, Israel, hat die Heimat verlassen. Der jüngere Bruder, die Nichtjuden, blieb beim Vater. Soweit es ihn anging, war der Erstgeborene enterbt und musste nun als Feind betrachtet werden. Der daheimgebliebene Sohn nahm an, dass er in jeglicher Hinsicht die Stellung des verschollenen Bruders eingenommen hätte, einschließlich der engen Gemeinschaft mit dem Vater.

Nach Jahrhunderte langem Umherstreifen kehrt Israel endlich wieder nach Hause zurück, aber die Kirche freut sich nicht darüber. „Sie hatten ihre Chance", scheinen wir sagen zu wollen. „Sie haben ihr Erbteil verprasst. Jetzt sind wir an der Reihe. Sie haben in Vaters Haus keine Rechte mehr."

Der Vater andererseits sagt: „Bringt schnell das beste Gewand heraus und zieht es ihm an und tut einen Ring an seine Hand und Sandalen an seine Füße; und bringt das gemästete Kalb her und schlachtet es, und lasst uns essen und fröhlich sein" (V. 22,23).

Eitan Shishkoff und ich erlebten einmal einen unvergesslichen Augenblick, der uns in unserem gegenseitigen Glaubensbund noch tiefer verbunden hat. Wir waren einmal gebeten worden, auf einer messianisch-jüdischen Konferenz zu referieren und saßen beide vorn auf der Bühne.

Eitan stand auf, hielt sein Referat und setzte sich wieder. Während ich zu dieser vorwiegend jüdischen Versammlung sprach und jüdische Gläubige ermutigte, die Vision zu bewahren, und Nichtjuden aufforderte, ihren neuen Geschwistern in Jeschua beizustehen, kam mir das vertraute Gleichnis des verlorenen Sohnes – mit diesem überraschenden Dreh – in den Sinn. Plötzlich sah ich mich als den „daheimgebliebenen" Nichtjuden, ein Sohn der Kirche, der seinen Bruder Israel verleumdet, verspottet, verfolgt und abgelehnt hatte. Mit niederschmetternder Intensität spürte ich die massive Last der Schuld auf den Generationen meiner Vorfahren.

In diesem Moment des Erwachens sah ich auch Eitan als Sohn dieses verfolgten Geschlechts. Es war mir so klar, dass er den Schmerz von Millionen von Verwandten tragen musste, die über die Jahrhunderte vernichtet worden waren. Ich streckte mich nach hinten zu ihm aus, zog ihn nach vorn und fiel dann vor ihm auf die Knie. Ich schluchzte und bebte. „Vergib uns! Vergib uns!" schrie ich, meine Schultern beladen mit den Sünden all jener Jahrhunderte.

Wir Nichtjuden sind die geistlichen Abkömmlinge des jüdischen Volkes. „Das Heil ist aus den Juden", sagte Jesus zu der Samariterin am Brunnen (Joh. 4,22). Er – der Jude – ist unser „Vater" im Glauben. Ohne den jüdischen Glauben gäbe es kein Christentum.

Eines Tages, als ich die Zehn Gebote unter dem Aspekt dieser Thematik las, ging mir auf, dass das fünfte Gebot mehr enthalten könnte, als man auf den ersten Blick meint (5. Mo. 5,16): „Ehre deinen Vater und deine Mutter", gebot der Herr – „das ist das erste Gebot mit Verheißung", fügt Paulus in seinem Brief an die Epheser (6,2) hinzu. Warum? „Damit es dir wohl gehe und du lange lebst auf der Erde" (V.3).

Könnte es sein, fragte ich mich, dass der Kirche ein langes, erfülltes geistliches Leben vorenthalten bleibt, bis sie den Ursprung ihres Glaubens ehrt? Könnte es sein, dass unsere Geschichte der Spaltungen erst aufhören wird, wenn wir uns mit Gottes auserwählter Familie vereinigen? Marty Waldman ist dieser Ansicht. Er glaubt, dass das Wiederaufleben der messianisch-jüdischen Gemeinschaft in unseren Tagen Gottes Vorsehung ist, um die große Wunde der Spaltung anzusprechen, damit echte Heilung in die Kirche hineinkommen kann.

Unsere blutbefleckten Hände

Gott verlangt oft ein Sündenbekenntnis und Wiedergutmachung für die Sünden vergangener Generationen.

Schon bald nachdem David König über ganz Israel geworden war, gab es eine drei Jahre andauernde Hungersnot. Verwirrt über diese Krise suchte David „das Angesicht des HERRN. Und der HERR sprach: Wegen Saul und wegen des Hauses der Blutschuld, weil er die Gibeoniter getötet hat" (1. Sam. 21,1).

Saul? Was hatte Saul, der mittlerweile gestorben war, mit David zu tun? David war nicht verantwortlich für Sauls Sünden, oder? Und die Gibeoniter? Dabei handelte es sich um einen Bund, den Josua Hunderte von Jahren zuvor geschlossen hatte (vgl. Jos. 9). Konnte dieser längst vergangene Bundesbruch Davids Regierung beeinflussen? Konnten die Sünden von gestern wirklich der Grund für die Hungersnot von heute sein?

Ja! Genau das wollte Gott David sagen.

Als Israel in das verheißene Land gekommen war, schloss ihr Führer Josua einen Bund mit den Gibeonitern. Vierhundert Jahre später brach Saul, der erste König Israels diesen Bund. Die Hungersnot, die das Land in Davids Regierungszeit heimsuchte, kam, weil Saul ein verbündetes Volk geschändet und ermordet hatte. Diese gottlose Tat, die Jahrhunderte später begangen worden war, legte sich nun auf das Haupt des gegenwärtigen Herrschers, und Gott erwartete einen angemessenen Akt der Reue und Buße.

Die Kirche befindet sich heute in einer ähnlichen Lage. Vergangene Generationen von Führern haben dieses besondere Volk, das Gott zum Segen werden lassen wollte, geschändet und sogar ermordet. Wir sind die Nachkommen jener Generationen sowohl

*) Gibeoniter

in physischer als auch in geistlicher Hinsicht. Die Autorität wurde nun auf uns übertragen, so wie dies bei David geschehen war. Auch von uns erwartet der Herr Demut, das Anerkennen von Schuld und angemessenes Handeln, bevor der Fluch aufgehoben werden kann.

Wenn die geistliche Hungersnot unserer Tage gestoppt werden soll, wenn der „größere Reichtum" der Erweckung blühen soll, wenn dieses „Leben aus den Toten" für Gottes Auserwählte weitergehen soll, dann müssen wir bittende Hände zu einem vergebenden Gott und heilende Hände zu einem verwundeten Volk ausstrecken.

„Dein Reich komme! Dein Wille geschehe, wie im Himmel, so auf Erden", haben wir Jahrhunderte lang gebetet. Die Kirche hatte Augenblicke der Herrlichkeit, als wir Kontinente überquerten, um der Welt von ihrem Erlöser zu erzählen. Aber wir sind nie in unsere Fülle eingetreten. Zu oft stiegen unsere Gebete aus hasserfüllten Herzen und blutbefleckten Händen auf.

Willkommen daheim!

Die Kirche stellt sich langsam ihren Sünden. Versöhnungsgruppen kommen in jeder Nation zusammen. Deutsche tun Buße gegenüber anderen Europäern, Japaner gegenüber anderen Asiaten, Nachkommen europäischer Eroberer gegenüber den eingeborenen Volksstämmen, Söhne und Töchter ehemaliger Sklavenhalter und Sklavenhändler gegenüber Söhnen und Töchtern ehemaliger Sklaven.

Jüdische Themen werden nicht länger ignoriert. Ich bin Teil einer Gruppe, die sich selbst Toward Jerusalem Council II nennt. Wir gebrauchen das Wort „toward" (dt.: auf etwas hin), weil wir wissen, dass wir vorausblicken auf eine Zeit, in der ein offizielles Kirchenkonzil einberufen werden wird. Wir verwenden den Ausdruck „Jerusalem Council II" (dt.: 2. Konzil zu Jerusalem), weil es die Fortsetzung des ursprünglichen Apostelkonzils sein wird, das in Apostelgeschichte 15 beschrieben ist. In jener Versammlung kamen jüdische Gläubige zusammen, um zu entscheiden, wie sie die Heiden willkommen heißen könnten, ohne von ihnen zu verlangen, dass sie Juden würden. Der Toward Jerusalem Council II wird ein nichtjüdisches Konzil sein, das einberufen wird, um die Juden wieder zu Hause willkommen zu heißen, ohne von ihnen zu verlangen, dass sie Heiden werden. Unsere Gruppe will „den Riss zwischen jüdischen und nichtjüdischen Nachfolgern Jeschuas, der aus dem ersten Jahrhundert der Kirche stammt, heilen und schließen, und dies soll hauptsächlich durch Demut, Gebet und Buße geschehen."[4]

Wir sind nach Spanien, Rom, Nizäa und Israel gereist. Wir haben Schlüsselpersonen der historischen Kirchen sowie Leiter evangelikaler und charismatischer Gemeinden besucht. Wir standen zusammen auf Nizäas Ruinen, wo die Nichtjuden unter uns sich in einer Empfangsreihe aufstellten, um unsere jüdischen Geschwister willkommen zu heißen. Das war unser Versuch, die Tatsache wieder gutzumachen, dass sie nicht zu den Konzilien von 325 und 787 n. Chr. geladen worden waren!

Als Akt der Buße für einen Erlass, der 306 n. Chr. in der spanischen Stadt Elvira formuliert worden war und nach dessen Gebot Christen von Juden keinen Segen mehr annehmen durften, baten spanische Christen unsere jüdischen Geschwister, sie und ihre Felder zu segnen.

Vier Stunden lang beteten wir in den Ruinen Javnes, wo jüdische Leiter des ersten Jahrhunderts zusammen gekommen waren, um zu beschließen, wie der jüdische Glaube ohne den Jerusalemer Tempel weiter gelebt werden könnte.

Vom Ölberg schauten wir hinüber nach Jerusalem und beteten noch einmal Jesu Gebet über der Stadt. Dann hoben wir unsere Blicke himmelwärts, um Ihm zu sagen, dass auch wir voller Erwartung auf die Zeit hofften, in der eine große Schar Seiner eigenen engsten Blutsverwandten Ihn wieder willkommen heißen würde.

Jetzt, da die Kirche wieder beginnt, das jüdische Volk in ihrem angestammten Zuhause willkommen zu heißen, regt sich auch in Jakobs Familie ein geistliches Erwachen. Gleichzeitig nimmt die Einheit unter den gläubigen Gemeinden über alle konfessionellen Grenzen hinweg zu. Die am schnellsten wachsenden Gemeinden sind jene, die nicht länger von konfessionellem Eifer, sondern von ihrer Hingabe an den König geprägt sind. Es geschieht so, wie der Herr gebetet hat. Wenn die Geschwister dieser riesigen geistlichen Familie zusammen kommen, werden noch viele Millionen zum Glauben finden. Aber die Familie kann nur zusammen kommen, wenn wir uns an unseren älteren Bruder erinnern, durch den unser Erlöser offenbart wurde.

All dies wird weiter geschehen, während Israel in sein angestammtes Zuhause zurückkehrt, genau wie die Propheten es vorhergesagt hatten.

Anmerkungen

1. Frank Kaleb Jansen, Hrsg., *Target Earth* (Pasadena, CA: Global Mapping International, 1989), S. 98
2. *The World Book Encyclopedia*, 1962, Eintrag: "Mutations"
3. Martin J. Waldman, "Reconciliation: A Jewish-Gentile Issue Facing the Church Today" (Referat für 'Network of Christian Ministries', Dez. 1998), S. 9
4. Aus der Absichtserklärung des Toward Jerusalem Council II, 1997. Der Toward Jerusalem Council II ist ein Planungskomitee, das aus jüdischen und nichtjüdischen Gläubigen besteht, die auf eine Zeit hinarbeiten, in der die gesamte Nichtjüdische Kirche ein zweites Konzil vergleichbar mit Apostelgeschichte 15 einberufen wird. Dieses Mal müsste es jedoch einberufen werden, um die Sünden der Nichtjuden gegen die Juden zu bekennen und die jüdischen Gläubigen wieder in der Familie des Messias willkommen zu heißen. Vgl. das Sündenbekenntnis in Anhang D.

Kapitel 8

Rückkehr ins Land

Wer sind diese, die wie eine Wolke geflogen kommen und wie Tauben zu ihren Schlägen?

Jesaja 60,8

Ich nehme die Söhne Israel aus den Nationen heraus, wohin sie gezogen sind, und ich sammle sie von allen Seiten und bringe sie in ihr Land. Und ich mache sie zu einer Nation im Land.

Hesekiel 37,21,22

Es muss ein seltsamer Anblick gewesen sein. Wir sahen nicht wie Gärtner aus. Aber hier waren wir, etwa 20 an der Zahl, und standen auf einem ziemlich kahlen Hügel außerhalb von Jerusalem, einen Spaten in der einen und einen winzigen Baumsetzling in der anderen Hand. Wir begannen damit, Löcher in den Boden zu graben, setzten die Bäumchen hinein und häuften die Erde dicht um die Jungpflanzen auf, bevor wir ihnen zu trinken gaben. Jeder Baum ehrte jemanden, den wir liebten. Für jeden gepflanzten Baum spendeten wir 10 US Dollar an die israelische Regierung.

Plötzlich fand jemand die ganze Szene ziemlich witzig. Nachdem wir die ganze Reise bezahlt hatten, gaben wir nun zusätzlich Geld für das Privileg aus, Bäume zu pflanzen – Bäume, die weder wir, noch die von uns geehrten Menschen wahrscheinlich jemals wiedersehen würden. Was für eine Handelskammer diese israelische Regierung doch hat! Welche andere Nation hat sich jemals einen solchen Plan für zusätzliche Einnahmen ausgedacht?

Aber diese Nation ist anders; sie lässt sich mit keiner anderen vergleichen. Die Schenkungsurkunde für ihr Eigentum wurde vom Allmächtigen selbst unterzeichnet. Israel sollte die „Mitte der Nationen" sein (Hes. 5,5). „Als der Höchste den Nationen das Erbe austeilte, als er die Menschenkinder voneinander schied, da legte er fest die Grenzen der Völker nach der Zahl der Söhne Israel", heißt es sogar (5. Mo. 32,8). Wir werden an dieser Aussage vielleicht eine Zeit lang zu knabbern haben, aber so steht es geschrieben!

Der Psalmist nennt Israel „das Volk, das ihm [Gott] nahe ist" (Ps. 148,14). „Deinen Nachkommen habe ich dieses Land gegeben", verhieß Gott Abraham und „unterzeichnete" den Blutsbund (vgl. 1. Mo. 15,1-20). „Dir und deinen Nachkommen werde ich alle diese Länder geben, und ich werde den Schwur aufrecht erhalten, den ich deinem Vater Abraham geschworen habe", wiederholte der Herr gegenüber Isaak (26,3). Und zu Jakob sagte Er, nachdem Er seinen Namen in Israel geändert hatte: „Das Land, das ich Abraham und Isaak gegeben habe, dir will ich es geben, und deinen Nachkommen nach dir will ich das Land geben" (35,12).

„Dieses Land"? Welches Land? Der Herr war erstaunlich präzise in der Festsetzung seiner Grenzen und Grenzlinien: „Vom Strom Ägyptens an bis zum großen Strom, dem Euphratstrom", lautete Sein Wort an Abraham (1. Mo. 15,18). Für den Eroberer Josua erklärte Er 400 Jahre später noch genauer: „Von der Wüste und diesem Libanon an bis zum großen Strom, dem Strom Euphrat, das ganze Land der Hethiter, und bis zum großen Meer gegen Sonnenuntergang" (Jos. 1,4).

Die Ausdehnung von Gottes verheißenem Land ist für die heutigen Leser schockierend. Wie soll es jemals möglich werden, dass Israel sich bis zum Euphrat erstreckt? Kann es sein, dass ein Teil oder ganz Syrien, Ägypten, Libanon, Jordanien, der Irak und Iran eines Tages Israel gehören werden? Welch ein schrecklicher Aufruhr muss stattfinden, bevor dies geschehen kann? Ich habe keine Antwort darauf, aber ich bitte Sie, sich daran zu erinnern, dass eine der Thesen dieses Buches ist, dass wir die Schrift wörtlich nehmen, es sei denn, es gäbe Gründe, sie im übertragenen Sinne zu interpretieren. Wenn wir also annehmen, dass das Land Israel kleiner sei als der in Josua 1,4 prophetisch festgelegte Umfang, dann ist dies unklug, vor allem im Licht der sich ausweitenden Grenzen des Landes allein in den vergangenen 50 Jahren.[1]

Wie lange sollte der Bund für das Land gelten, wie lange diese Urkunde gültig sein? Die Übereinkunft ist genau festgelegt. „Gedenkt ewig seines Bundes – des Wortes, das er geboten hat auf tausend Generationen hin [das sind mindestens 40.000 Jahre] –, den er geschlossen hat mit Abraham, und seines Eides an Isaak. Er richtete ihn auf für Jakob zur Ordnung, für Israel zum ewigen Bund" (1. Chr. 16,15-17). Aber welchen Bund? „Dir will ich das Land Kanaan geben als euch zugemessenes Erbe" (V. 18).

Dieser phänomenale Bund des Landes und der Liebe brachte bestimmte Bedingungen mit sich. „Wenn du nicht darauf achtest, alle Worte dieses Gesetzes zu tun, ... werdet [ihr] aus dem Land herausgerissen werden ... Und der HERR wird dich unter alle Völker zerstreuen von einem Ende der Erde bis zum andern Ende der Erde" (5. Mo. 28,58-64). Lukas 21,24 bezeichnet es als „gefangen weggeführt werden unter alle Nationen". Dies sollte die Strafe für Israels Untreue sein.

Die jüdische Geschichte der letzten 2000 Jahre hat den Wahrheitsgehalt dieser Worte bestätigt. Es begann alles mit der Eroberung des Nordreiches durch die Assyrer im Jahre 721 v. Chr. Die einflussreichen Führer wurden ins Exil geführt, zerstreuten sich und kehrten niemals zurück. Jerusalem und das Südreich hielten fast 150 Jahre lang stand, bevor die Stadt und der Tempel bei der Invasion der Babylonier zerstört wurden. Nach 70-jährigem Exil kehrten einige Israeliten wieder zurück und der Tempel wurde wieder aufgebaut. Dann übernahmen die Römer die Herrschaft und zerstörten 70 n. Chr. den Tempel. Und fast 2000 Jahre lang gab es Israel als Nation nicht mehr.

Die Verwüstung des Landes, die in Jesaja beschrieben wird, hatte sich erfüllt. „Bis die Städte verwüstet sind, ohne Bewohner, und die Häuser ohne Menschen und das Land zur Öde verwüstet ist" (Jes. 6,11). Die Nation Israel war, wie Hesekiel prophezeit hatte, ein Tal voller vertrockneter Gebeine (vgl. 37,1,2).

Im Geist sah Hesekiel, wie jenes Tal voller Gebeine lebendig wurde. Als er prophezeite, fügten sich die Gebeine zusammen. Eine zweite Prophetie brachte den Odem hervor. Als Hesekiel prophezeite, wurde das ganze Tal lebendig und die Erschlagenen standen auf ihren Füßen – „ein sehr, sehr großes Heer" (37,10).

Wie ich in einem vorherigen Kapitel erwähnt habe, ist Hesekiels Vision wiederholt benutzt worden, um eine tote Kirche zu beschreiben, die Erweckung braucht. Aber der Prophet sah nicht die Kirche; er sah Israel. Sollten wir diese Interpretation in Frage stellen, so lässt der Herr keinen Zweifel. „Diese Gebeine, sie sind das ganze Haus Israel", versicherte der Herr Hesekiel. „[Ich] werde euch in euer Land setzen" (V. 11,14).

Die Nation, die von den Toten auferstanden war, sollte nicht länger in zwei Nationen getrennt sein, wie es vor den assyrischen und babylonischen Eroberungen gewesen war. „Sie sollen nicht mehr zu zwei Nationen werden" (V. 22). Sowohl Jeremia als auch Hosea hatten ähnliche Offenbarungen erhalten. „In jenen Tagen wird das Haus Juda mit dem Haus Israel zusammengehen" (Jer. 3,18). „Und die Söhne Juda und die Söhne Israel werden sich miteinander versammeln und sich ein gemeinsames Oberhaupt geben" (Hos. 2,2). Und so vereint, werden sie miteinander in Harmonie leben und arbeiten.

Die Rückkehr des Überrestes

Die Rückkehr des zerstreuten Volkes Israel sollte „von den vier Enden der Erde" her geschehen (Jes. 11,12), und nicht nur aus dem Osten, von Babylon her, wie dies bei der Rückkehr 516 v. Chr. der Fall war. Jesaja hebt deutlich hervor, dass dies eine zweite Rückkehr sein würde und dass sie Einwanderer aus dem Norden, Süden, Osten und Westen umfasst. Jesaja nannte sogar einige der Länder: Ägypten, Afrika (Kusch) und Babylon, aber andere Regionen, die als „Inseln des Meeres" (V. 11) waren ihm zu der Zeit, als er diese Schrift verfasste, unbekannt.

Schiffe würden kommen, „um deine Kinder aus der Ferne zu bringen" (Jes. 60,9). Andere würden „wie eine Wolke geflogen kommen und wie Tauben zu ihren Schlägen" (V. 8), ein prophetischer Bezug auf den Flugverkehr, der 2600 Jahre nach Jesajas Lebzeiten am Himmel stattfinden würde! Es würde ein größerer Exodus sein als der frühere aus Ägypten (vgl. Jer. 23,7,8). Der Norden wird speziell hervorgehoben als ein Land, aus dem viele Immigranten kommen würden. Wie interessant, dass heute einer von sieben Israelis Russe ist. (Moskau liegt tatsächlich genau nördlich von Jerusalem.)

„Schwangere und Gebärende" (Jer. 31,8) würden unter denen sein, die zurückkehren. Als die jemenitischen Juden 1950 eintrafen, waren 12 Babys auf den Flügen geboren worden, fünf davon bei der äthiopischen Luftbrücke im Mai 1991.

Die Steppe ist aufgeblüht (vgl. Jes. 35,1,2). Die Schätze der Wüste werden wiederhergestellt. Weinberge sind auf den Hügeln Samariens gepflanzt worden (vgl. Jer. 31,5) – was in den Nachrichtenmedien als Westbank bezeichnet wird.

Der Reichtum anderer Nationen wird in Israel investiert (vgl. Jes. 60,5). Sogar unsere kleine Baumpflanzung an jenem Tag brachte ein wenig von diesem Wohlstand dorthin.

Die Rückkehr würde nicht ohne Kämpfe vor sich gehen. „Ich werde zum Norden sagen: Gib her! Und zum Süden: Halte nicht zurück! Bring meine Söhne von fernher und meine Töchter vom Ende der Erde" (Jes. 43,6). „Ich will zu vielen Fischern senden, spricht der HERR, die sollen sie fischen. Und danach will ich zu vielen Jägern senden, die sollen sie jagen" (Jer. 16,16).

Sogar das Verlassen der Diaspora und die Rückkehr ins Land sollte eine Zeit sein, für die gilt: „Eine Stimme des Schreckens haben wir gehört. Da ist Furcht und kein Friede" (Jer. 30,5). All diese Details wurden mit erstaunlicher Genauigkeit von den Propheten vor so vielen Jahren aufgeschrieben und erfüllen sich in unseren Tagen!

Die Lebensgeschichte von Elieser Urbach

Einer der Söhne Israels, der große Widerstände bei seiner Rückkehr nach Israel erfuhr, ist Elieser Urbach.[2] Ich begegnete Elieser bei einem jüdischen Treffen in New Mexico. Ich hatte von diesem Mann schon gehört, der zusammen mit seinem jüngeren Bruder Ernst im September 1939 aus seiner Heimat in Skoczow geflohen war, als deutsche Kampfflugzeuge und Soldaten Polen besetzten. Um der Gefangennahme zu entkommen, durchschwammen Elieser und Ernst einen eisigen Fluss, versteckten sich in den Wäldern und gingen den Suchhunden der Nazis aus dem Weg, um in den russischen Sektor zu gelangen. Sie kamen dort an und glaubten sich unter dem Kommunismus in Sicherheit, nur um herauszufinden, dass das jüdische Volk auch in Russland unerwünscht war. Die beiden Brüder wurden in ein sibirisches Arbeitslager verschleppt, wo Ernst später starb.

Nach Jahren des Hungerns und der Entbehrungen wurde Elieser schließlich aus dem sibirischen Gefängnis freigelassen, damit der Staat seinen unterernährten Körper nicht beerdigen müsste. Aber seine Flucht in die Freiheit war längst noch nicht zu Ende.

Er schlug sich zuerst nach Usbekistan durch und wurde dann in Afghanistan inhaftiert, bevor er seine Heimatstadt wiedersah. Er war entsetzt zu erfahren, dass in seiner Abwesenheit seine gesamte Familie in den Gasöfen von Auschwitz nur rund 60 Kilometer von seinem Dorf entfernt umgekommen war.

In der Hoffnung, einen Weg zu finden, wie er seinen persönlichen Holocaust überleben konnte, ging Elieser zur russischen Armee, wurde aber festgenommen, als er Juden in die Sicherheit schmuggelte. Auf seinem Weg zu einem Kriegsgericht floh er nach München und suchte Zuflucht bei einem Onkel, der in dieser Stadt lebte. Doch dort erhielt er weder Schutz noch ein herzliches Willkommen.

Auf seiner Suche nach Freiheit hatte er Paris im Blick und begegnete einem der jüdischen Komitees, die gebildet worden waren, um Immigranten zu helfen.[3] Mit ihrer Hilfe und einmal dank seiner Verkleidung als britischer Soldat kam er gerade rechtzeitig in „Palästina“ an, um dort im Unabhängigkeitskrieg von 1948 zu kämpfen.

Als ich Eliesers bärtiges, wettergegerbtes Gesicht ansah, das tief zerfurcht von Schmerzen und Entbehrungen war, sah ich das kollektive Leid vieler Tausender, die auf See umgekommen waren, als Kriegsgefangene in Lagern festgehalten wurden, Berge erklommen, Flüsse durchschwommen und jede erdenkliche Mühsal überwunden hatten, um dieses Land mit unsicheren Grenzen und zerbrechlicher Freiheit zu erreichen.

Aber ich sah auch etwas anderes. Friede lag über seinem Gesicht. Liebe und Barmherzigkeit strahlten aus seinen Augen. Wie war das möglich? Durch die Not der ersten Jahre des modernen Israel in den frühen 50-er Jahren sah sich Elieser gezwungen, nach Brasilien zu gehen. Als er von einem freundlichen Nichtjuden eingeladen wurde, den Neuen Bund zu lesen, tat er es. Und dort fand er nach vielen Begegnungen mit dem Tod das Leben. Er fand den Gott und Messias Israels.

Die erste Alija

Die erste *Alija* – die Rückkehr ins Land – fand gegen Ende des 19. Jahrhunderts statt. 1882 gab es laut jüdischen Zählungen nur etwa 24.000 jüdische Einwohner in „Palästina", die in 17 landwirtschaftlichen Kolonien lebten. Einer der ersten Pioniere war ein anderer Elieser – Elieser Ben Jehuda, der jede Stunde des Tages damit verbrachte, zusammenzustellen, was einmal die wiedererstandene hebräische Sprache werden sollte. Ein anderer früher Siedler war der in Polen geborene David Gruen, der später den Namen David Ben Gurion annahm und Israels erster Premierminister wurde.

Israels Rückkehr ins Land kann nur damit erklärt werden, dass Gott die Worte Seiner Propheten zur Erfüllung brachte.

Aber der Mann, dem die Wiedergeburt der Nation zugeschrieben wird, war Theodor Herzl, ein junger säkularer jüdischer Verleger aus Wien. Im Januar 1895 erlebte er in Paris persönlich die öffentliche Demütigung des Hauptmanns Alfred Dreyfus, des einzigen Juden im Generalstab der französischen Armee, der fälschlicherweise der Spionage bezichtigt worden war. Als Dreyfus verurteilt wurde, wechselten die Parolen der Massen von „Tötet den Verräter!" zu „Tötet den Juden!"

Herzl verließ jene Stadt mit einem Gefühl der Dringlichkeit, einen sicheren Ort für das jüdische Volk zu gründen. Zwei Jahre später berief er den Ersten Zionistischen Weltkongress in Basel in der Schweiz ein. Bei der ersten Zusammenkunft wurde eine Nationalflagge für Israel in den Farben Blau und Weiß des Gebetsschals bestimmt und eine Nationalhymne ausgewählt: „*Ha-*

tikva", was „Die Hoffnung" bedeutet. Eine gewählte jüdische Exekutive wurde dazu bestimmt, die Bewegung zu lenken, und eine jüdische Nationalbank und eine Landesbank wurden geschaffen, um damit zu beginnen, Land im Gebiet des neuen Staates aufzukaufen.

Vielleicht war der nächste wirklich bedeutende Schritt zur Erfüllung von Theodor Herzls Traum das Werk eines jüdischen Wissenschaftlers namens Chaim Weizmann, der ein synthetisches Aceton entwickelt hatte, das von den Briten während des 1. Weltkrieges als Schießpulver eingesetzt wurde. Als er nach seinen Honorarvorstellungen gefragt wurde, antwortete er: „Wenn Großbritannien die Schlacht für Palästina gewinnt, dann bitte ich um eine nationale Heimstätte für mein Volk in seinem angestammten Land."[5]

Seine Bitte führte zur Balfour-Deklaration, die am 2. November 1917 verlesen wurde: „Die Regierung Seiner Majestät betrachtet die Schaffung einer nationalen Heimstätte in Palästina für das jüdische Volk mit Wohlwollen und wird größte Anstrengungen unternehmen, um die Erreichung dieses Zieles zu erleichtern."[6]

Noch im gleichen Monat führte der britische General Sir Edmund Allenby einen Angriff durch, der Großbritannien die Kontrolle über Jerusalem verschaffte. Als er durch das Jaffator in die Stadt hineinkam, stieg er von seinem Pferd und nahm den Hut ab, weil er glaubte, dass niemand als der Messias zu Pferd in Jerusalem einziehen sollte.

Diese beeindruckende Geschichte erinnert an viele Schlachten in Israels frühen Jahren. General Allenby hatte Flugzeugen Befehl gegeben, über die Stadt zu fliegen und Flugblätter abzuwerfen, in denen die Türken aufgefordert wurden, sich zu ergeben. Diese von Allenby unterzeichneten Flugblätter wurden von den türkischen Muslimen als Anweisungen Allahs verstanden, die Stadt zu verlassen. Kein einziger Schuss wurde abgegeben. Ramon Bennett beschreibt dieses Ereignis in seinem Buch *Wenn Tag und Nacht vergehen* und bezieht sich auf Jesajas Prophetie: „Wie schwebende Vögel, so wird der HERR der Heerscharen Jerusalem beschirmen: beschirmen und erretten, schonen und befreien" (Jes. 31,5).[7]

Nach dem 1. Weltkrieg gab der Völkerbund 1920 Großbritannien das Mandat über „Palästina“, aber die Balfour-Deklaration war in Vergessenheit geraten. Die Furcht vor arabischen Vergeltungsschlägen führte dazu, dass sich die britischen Herzen gegen die jüdischen Immigranten wandten. Man ließ die Flüchtlinge in Haifas Hafen nicht an Land gehen und die Quote für rückkehrende Juden wurde stark reduziert. Großbritannien setzte eine arabische Regierung über einen Großteil des Landes ein, das von der Bibel her Israel verheißen worden war.

Ein weiterer Krieg und eine Epoche des Schreckens sollten folgen, bevor das Gewissen der Welt sich ausreichend regen würde, um diese Heimstätte für die Juden zu errichten, die von Seiner Majestät versprochen worden war. Die britische Regierung hat ihre Hände schon lange in Unschuld gewaschen, was diese Angelegenheit angeht. Illegale Immigranten wurden in ihre Herkunftsorte zurückgeschickt oder in Auffanglagern im nahen Zypern festgehalten. Das Schicksal der potentiellen jüdischen Nation ruhte nun in den Händen der Vereinten Nationen.

Eine neue Nation

Die Vereinten Nationen begannen darüber nachzudenken, „Palästina“ zu teilen, um eine Heimstätte für die Juden zu schaffen. Eine Zwei-Drittel-Mehrheit der Nationen war notwendig, um den Staat zu gründen.

In den zwei Monaten bis zur Entscheidung konzentrierte sich das ‚Bible College of Wales‘ unter der Leitung von Rees Howells 11 Tage lang im Gebet auf die Abstimmung der Vereinten Nationen. „Ich glaube fest, dass die Zeit der Nationen bald erfüllt sein wird, und die Juden müssen wieder in ihrem eigenen Land sein, wenn der Meister kommt“, hatte Rees gesagt.[8]

Am Abend des 24. November 1947 wurde dem College gemeldet, dass die Teilung nicht beschlossen worden war. Die Fürbitter beteten noch leidenschaftlicher und sahen im Glauben wie „Gottes Engel jene Männer bei der Konferenz der Vereinten Nationen in New York beeinflussten, damit sie zu Gunsten des Volkes Gottes handeln würden“. Als am nächsten Tag die Nachricht eintraf, dass der Petition zugestimmt worden war, nannte das College dies „einen der größten Tage des Heiligen Geistes in dieser 2000-jährigen Geschichte".[9]

Die Unterstützung des amerikanischen Präsidenten Harry Truman war entscheidend, wenn die Abstimmung erfolgreich sein sollte, aber er zögerte lange, sein Gewicht einzubringen. Der Präsident hatte sogar alle Bitten um ein Treffen wegen der Teilung ignoriert, bis leitende Persönlichkeiten der jüdischen Gemeinschaft Trumans guten Freund und ehemaligen Geschäftspartner, einen jüdischen Amerikaner namens Eddie Jacobson, kontaktierten. Jacobson appellierte an Trumans Geschichtssinn und drang in ihn, sich mit Chaim Weizman zu treffen, der trotz seines schlechten Gesundheitszustandes in die Vereinigten Staaten gereist war und in einem Hotelzimmer darauf wartete, dass die Verabredung getroffen werden konnte.

Es war diese Begegnung mit Weizman, dem Helden des britischen Sieges im 1. Weltkrieg, die Trumans letzte Entscheidung stark beeinflusste. Ohne dieses Treffen wäre die Resolution nicht zustande gekommen. Durch den Druck des Präsidenten auf einige Schlüsselstaaten sah das Abstimmungsergebnis wie folgt aus: 33 Nationen stimmten dafür, 13 dagegen, bei 10 Enthaltungen. Das Datum war der 29. November 1947.[10]

Herzl hatte prophetisch gesprochen als er 1897 vorhersagte, dass der Staat Israel innerhalb der nächsten 50 Jahre geboren werden würde. Jesajas Worte, die vor über 2700 Jahren ausgesprochen worden waren, wurden Wirklichkeit (vgl. Jes. 66,8). Ein Staat wurde an einem einzigen Tag geboren!

Keiner bleibt zurück

Trotz der Abstimmung musste die junge Nation gegen sieben arabische Staaten um ihr Überleben kämpfen: gegen Ägypten, Jordanien, Libanon, Syrien, Saudi-Arabien, Jemen und den Irak. Berichte aus jenen Tagen lesen sich wie Seiten aus den biblischen Büchern Könige oder Chronik:

> Israel stellte 18.000 Mann mit 10.000 Gewehren, 3.600 halbautomatischen Maschinengewehren, ein paar alte Pan-

zerfäuste, zwei Panzer, und vier Flugzeuge, von denen zwei am ersten Tag abgeschossen wurden.

Israel war nicht nur hoffnungslos unterlegen, es besaß nicht einmal ausreichend Gewehre für jeden seiner Männer! Einer vollentwickelten gegnerischen Luftwaffe hatte Israel so gut wie gar keine Luftstreitmacht entgegenzusetzen. Und wenn sie nicht irgendwie zwei Panzer von den Briten entwendet hätten, wären sie völlig ungerüstet gewesen. Und dennoch hatte Israel, als es der UNO gelang, einen Waffenstillstand zwischen den kämpfenden Parteien durchzusetzen, beinahe dreimal so viel Land unter seiner Kontrolle als das, was ihm durch die Teilung zugesprochen worden war![11]

Jeder israelische Krieg hatte seine Wunder. Es gab eine Zeit während der Sinaischlacht im Jahre 1967, als zwei israelische Panzer über die Spitze einer Sanddüne kamen und sich einer kompletten ägyptischen Panzereinheit gegenüber sahen. Aus unerklärlichen Gründen stoppten die Ägypter, öffneten die Geschütztürme, sprangen heraus und flohen in die Wüste. Nachdem die Ägypter festgenommen worden waren, erklärten sie ihr Verhalten und berichteten von „Hunderten israelischen Panzern", mit denen sie sich konfrontiert sahen.[12]

Während des Jom-Kippur-Krieges 1973 marschierte Syrien über die ungeschützten Golanhöhen ein. Es wäre ihnen möglich gewesen, innerhalb von 24 Stunden die Stadt Haifa zu erreichen, hätten sie nicht plötzlich auf der Anhöhe über dem Jordan Halt gemacht, wobei der Ort Tiberias fast schon in Feuerreichweite lag, um sich drei Tage dort aufzuhalten. Dies gab den Israelis Zeit, ihre Streitkräfte zusammenzuziehen und eine Schlacht gegen die Syrer zu führen. Warum waren die Syrer auf der Anhöhe geblieben? Ein nichtreligiöser israelischer General beschrieb eine „riesige grau-weiße Hand, die sich vom Himmel herab schwer auf die Syrer gelegt hatte".[13]

Israels Rückkehr ins Land kann nur damit erklärt werden, dass Gott die Worte Seiner Propheten zur Erfüllung brachte. Zu einem Zeitpunkt, als ihre Situation völlig ausweglos schien, sorgte der Herr für einen Weg.

Viele der Kriege, die gegen Israel geführt wurden, endeten nur mit einer Zunahme an Quadratkilometern für die heranwachsende Nation. Als der neue Staat Israel gegründet wurde, bestand seine Landmasse aus knapp 8000 Quadratkilometern. Der Sechstagekrieg von 1967 dehnte seine Landmasse auf 67.000 Quadratkilometer aus; der Jom-Kippur-Krieg von 1973 auf 88.000 Quadratkilometer, wenn auch einiges davon wieder zurückgegeben wurde. Aber selbst dies ist noch nicht vergleichbar mit Israels vollem Erbe, das sowohl Abraham als auch Josua verheißen worden war (vgl. 1. Mo. 15,18; Jos. 1,4).

Zu der Zeit, als der israelische Staat gegründet wurde, betrug Israels Bevölkerung weniger als 1 Million Menschen. 1973 lag sie immer noch unter 3 Millionen. Heute hat die Einwohnerzahl 6 Millionen erreicht, von den etwa 5 Millionen Menschen jüdisch sind. In den 50 Jahren der modernen Geschichte Israels sind Menschen aus über 100 Ländern dorthin zurückgekehrt und haben sechs Kriege erlebt.

Aber die Geschichte ist noch nicht zu Ende. Es gibt immer noch 12 Millionen oder mehr Kinder Israels, die in den Nationen zerstreut leben. Hesekiel spricht von einer Zeit, wenn sie alle aus den Nationen in ihrem eigenen Land versammelt werden, „und [ich] keinen mehr von ihnen dort zurücklasse“ (Hes. 39,28). Wenn die Worte des Propheten wörtlich zu verstehen sind, und das ist immer unsere Annahme, es sei denn etwas anderes lässt sich nachweisen, dann wird eines Tages jeder Jude in das Land Israel zurückkehren.

Ähnliches gilt, wenn wir die Worte des Paulus wörtlich nehmen – und was spricht dagegen? – dass ganz Israel errettet werden soll. Gilt dies für jeden einzelnen jüdischen Menschen? Das wollen wir glauben und dafür beten und uns darauf zu bewegen.

Anmerkungen

1. Israel erhielt durch die Resolution der Vereinten Nationen vom November 1947 eine bestimmte Zuteilung von Land für seine Staatsgründung. Die benachbarten arabischen Staaten anerkannten diese Resolution nicht, sondern erklärten sofort nach der Unabhängigkeitserklärung Israels im Mai 1948 den Krieg. Einige Tage später baten dieselben arabischen Nationen bereits um eine Feuerpause,

wobei Israel zusätzliches Land in diesem Krieg gewann, der weder von ihm begonnen noch gewünscht worden war. Ähnliches geschah im Sechstagekrieg im Juni 1967. Kurz nach der Kriegserklärung wollte Syrien, einer der Hauptaggressoren, dann doch eine schnelle Lösung, als sie sahen, dass Israel in Feuerreichweite vor ihrer Hauptstadt Damaskus lag. Ägypten verlor im gleichen Krieg praktisch seine gesamte Luftwaffe innerhalb der ersten Kampftage. Bei Ende des Krieges war Israels Landmasse siebenmal größer als zu Beginn. Für den Jom-Kippur-Krieg von 1973 gilt dasselbe, obwohl Israel weniger auf den Kampf vorbereitet war. Dennoch haben sich Israels Grenzen in jedem Krieg mit ihren Nachbarn erweitert. Hätte es das Land nicht für Frieden zurückgegeben, wäre es heute um ein Vielfaches größer als in der ursprünglichen UN-Resolution festgelegt worden war.

2. Ein vollständiger Bericht von Elieser Urbachs Lebensgeschichte ist in folgendem Buch zu finden: *Out of the Fury: The Incredible Odyssey of Eliezer Urbach* (Charlotte, NC: Chosen People Ministries, 1987)
3. Die Hebrew Immigrant Aid Society ist mit jüdischen Komitees in den Vereinigten Staaten verbunden.
4. Larry Collins und Dominique Lapierre, *O Jerusalem! Day by Day and Minute by Minute, The Historic Struggle for Jerusalem and the Birth of Israel* (New York: Simon and Schuster, 1972). Die Geschichte von Dreyfus, Herzl und der jüdischen Nation wird in dieser Ausgabe gut erzählt.
5. Ramon Bennett, *Wenn Tag und Nacht vergehen*, Christliche Kommunikation und Verlagsgesellschaft, Lübeck, 1993, S. 75.
6. Tom Hess, *Let My People Go! The Struggle of the Jewish People to Return to Israel*, 5. Aufl. (Charlotte, NC: MorningStar Publications, 1997), S. 174
7. Bennett, *Wenn Tag und Nacht vergehen*, S. 75
8. Norman Grubb, *Rees Howells, Intercessor* (Fort Washington, PA: Christian Literature Crusade, 1952), S. 229, 230
9. Ebd., S. 224
10. Bennett, *Wenn Tag und Nacht vergehen*, S. 142
11. Ebd., S. 143
12. Ebd., S. 150
13. Ebd., S. 151

Kapitel 9

Das Erwachen

Und sie werden sich bebend zum HERRN wenden und zu seiner Güte am Ende der Tage.

Hosea 3,5

Ich kannte ihre Namen nicht. Ich war auch noch keinem von ihnen jemals begegnet. Und trotzdem, als ich eines Tages durch die Straßen Jerusalems fuhr, prophezeite ich über die Menschen, an denen ich vorbei fuhr. Die Fenster im Auto waren zu, sodass niemand mich hören konnte, aber das war auch nicht wichtig. Ich sah eine Zeit vor mir, in der viele dieser Menschen zu Jeschua als ihrem Messias finden würden. Ich habe ihre Schriften gelesen, die von Israels Erwachen sprechen, wenn sie wieder im Land sind.

Später stand ich einmal vor einer jüdischen Gemeinde in Haifa. Hinter mir war der Schrein, der die Tora-Rollen enthielt, die handgeschriebenen Worte Moses, die in den Synagogen der Welt an jedem Sabbat verlesen werden. Vor mir saßen 150 an Jeschua gläubige Menschen, ein lebendiger Beweis dafür, dass die Worte Jesajas sich in unseren Tagen erfüllen.

„Es ist eine Freude für mich, euch mit meinen natürlichen Augen zu sehen", sagte ich. „Viele Jahre lang habe ich euch mit meinen geistlichen Augen gesehen. Ich habe über euch in den Worten der Propheten und Apostel gelesen. Aber jetzt seid ihr hier. Und noch mehr werden kommen. Ich sehe Zehntausende Angehörige und Freunde, die an den Messias Jeschua glauben werden. Wer von euch hätte sich vor 10 Jahren vorgestellt, dass er heute glauben würde, dass Jeschua/Jesus der Messias Israels ist? Aber der Herr hat euch zu sich gezogen. Dies ist der Tag, an dem eure Augen geöffnet werden sollen.“[1]

Reuvens Geschichte

Reuven Doron ist der Enkel eines russischen Immigranten, der im frühen 20. Jahrhundert nach Israel kam. Zu Fuß überquerte einer seiner Großväter die Berge der Türkei und kam schließlich in den Norden Galiläas. Der andere brachte seine Familie per Schiff ins Land. Beide spielten eine bedeutende Rolle bei der Gründung der jungen Nation.

Im Alter von 19 Jahren diente Reuven während des Jom-Kippur-Krieges 1973 in einer Spezialeinheit der Armee auf den Golanhöhen. Zwei Drittel seiner Kameraden kamen nie mehr nach Hause. Obwohl Reuven den Krieg überlebte, blieb er mit vielen Fragen zurück, für die er keine Antwort hatte. Er war ruhelos, desillusioniert und voller Schmerz. Wozu war das Leben gut? Welchen Sinn könnten all die Tragödien haben, die er erlebt hatte?

Er packte seine Koffer und zog in die Welt, nach Europa, Kanada und Zentralamerika, bevor er sich für eine Ausbildung am Business College der Arizona State University in Phoenix entschied. Dort hatte er eine lebensverändernde Begegnung mit dem Gott Israels.

Um sein Studium zu finanzieren, gab Reuven Privatstunden in Hebräisch. Einer seiner Schüler war ein Nichtjude namens Frank. „Warum willst du, ein blonder, blauäugiger Nichtjude, Hebräisch lernen?“ fragte Reuven ihn eines Tages.

„Weil ich immer schon die Heilige Schrift in ihrer hebräischen Originalsprache lesen können wollte“, antwortete der Mann. „In der Bibel erhalte ich Kenntnis von dem lebendigen Gott“.

Reuven erholte sich nie wieder von dieser offenen Antwort. In Israel hatte er die Bibel in der Schule studiert, aber für ihn war es nur ein Buch alter Legenden und nationaler Mythen. Gott war fern, unpersönlich und unbeteiligt am alltäglichen Leben. Jetzt musste Reuven noch einmal nachlesen. Konnte es sein, dass dieses Buch den lebendigen Gott offenbarte?

„Wenn es einen Gott gibt, wenn Er sich auch nur im geringsten für mich interessiert, wenn Er wirklich für meine Sünden bezahlt hat, dann will ich nicht nur über Ihn lesen oder hören, sondern ich muss Ihn kennen lernen", gab Reuven gegenüber seinem Schüler zu.

„Dann geh beten. Suche Sein Angesicht", war der Rat, den er erhielt.

Reuven nahm die Herausforderung an. Abend um Abend schüttete er seine Fragen vor diesem gesichtslosen Gott aus, der ihm nicht zu antworten schien.

Dennoch wusste er, dass er eine Frage noch nicht gestellt hatte, eine Frage, die kein jüdischer Mann und keine jüdische Frau stellen mag. Konnte es sein, dass dieser Eine, den die Christen Jahrhunderte lang angebetet hatten, dieser jüdische Mann, dessen Jünger sich manchmal gegen Israel stellten, konnte es sein, dass Er der Verheißene war?

Reuven fühlte sich gefangen in seinem eigenen Bedürfnis, die Wahrheit zu wissen. Schließlich heulte er frustriert und zornig seine einzig verbliebene Frage in den Nachthimmel. „Brauche ich Ihn? Brauche ich den Nazoräer, um zu Dir zu finden?" Wir wollen Reuven mit seinen eigenen Worten beschreiben lassen, was dann geschah.

> Diesmal antwortete Gott! Aus dem Himmel kam ein Pfeil der Offenbarung, der die Dunkelheit der Nacht, der Welt und meiner Seele durchdrang. Sein Wort erweckte meinen Geist zum Leben mit einem Feuerstrahl der Wahrheit, als Er sprach: „Ja" und „Amen! Du brauchst den Nazoräer!"
>
> Zum ersten Mal in meinem Leben hörte ich Gott bewusst. Der Schall Seines Wortes war so klar und laut, dass selbst wenn dieses Wort mit hörbarer Stimme gesprochen worden wäre, dies unbedeutend gewesen wäre im Vergleich zu dem Donner in meinem Geist! Und so blieb ich, wo ich gerade war, und kniete mich auf dem Rasen hinter dem Haus nieder und sog das Leben und den Nektar Seines Wortes in mich auf ... Es dauerte eine Weile, bis

ich wieder aufstand und in mein Apartment zurückging. Zu meiner Überraschung kam ein ganz ungewöhnliches Gefühl und Bewusstsein über mich. Ich erinnere mich daran, wie ich zu mir selbst sagte: „Reuven, du hast dich verändert. Du musst dich selbst neu kennen lernen."

Sehen Sie, obwohl ich kein Wissen über das Prinzip der Wiedergeburt besaß, war ich einfach geistlich „wiedergeboren" worden als die Saat des Himmels in mein Herz gepflanzt wurde![2]

Hosea hatte schon von Reuven und einer Schar anderer jüdischer Gläubiger in unserer Zeit gesprochen.

> Denn die Söhne Israel bleiben viele Tage ohne König und ohne Oberste, ohne Schlachtopfer und ohne Gedenkstein und ohne Efod und Teraphim. Danach werden die Söhne Israel umkehren und den HERRN, ihren Gott, aufsuchen und David, ihren König. Und sie werden sich bebend zum HERRN wenden und zu seiner Güte am Ende der Tage (Hos. 3,4,5).

Kein König oder Fürst seit 586 v. Chr. als Nebukadnezar Zedekia nach Babylon wegführte (vgl. Jer. 52,9-11).Kein Opfer seitdem das Heer des Oberbefehlshabers Titus den Tempel 70 n. Chr. zerstörte. Unsere Tage sind das „danach", bei dem Reuven und Hunderte Tausende anderer Söhne und Töchter Jakobs bebend zum Herrn und zu seiner Güte in diesen letzten Tagen gekommen sind oder kommen werden.

Jesajas Auftrag

Auch Jesaja, der eine erschreckende Begegnung mit dem Heiligen, dem Gott Israels, erlebte, hatte die Tage, in denen wir leben, vorhergesehen. Er hörte die Engel um den Thron herum anbeten. Er spürte, wie die Türpfosten und Schwellen des Tempels bebten. Die Luft war erfüllt mit Rauch. Jesaja schrie: „Wehe mir, denn ich bin verloren. Denn ein Mann mit unreinen Lippen bin ich …

[und] meine Augen haben den König, den HERRN der Heerscharen gesehen“ (Jes. 6,5).

Ein Engel kam und berührte seine Lippen mit einer glühenden Kohle vom Altar und sprach: „Siehe, ... so ist deine Schuld gewichen und deine Sünde gesühnt“ (V. 7).

Dann sprach der Herr: „Wen soll ich senden und wer wird für uns gehen?“ (V. 8).

„Hier bin ich, sende mich“, sagte Jesaja schnell, ohne zu ahnen, welche Botschaft er Israel überbringen sollte (V. 8).

„Geh hin und sprich zu diesem Volk: Hören, ja, hören sollt ihr und nicht verstehen! Sehen, ja sehen sollt ihr und nicht erkennen! Mache das Herz dieses Volkes fett, mache seine Ohren schwerhörig, und verklebe seine Augen: damit es mit seinen Augen nicht sieht und mit seinen Ohren nicht hört und sein Herz nicht einsichtig wird und es nicht umkehrt und Heilung für sich findet“ (V. 9,10).

Jesus gebrauchte Jesajas Worte, um zu erklären, warum Israel als Nation Ihn nicht aufnahm (vgl. Mt. 13,14,15). Der Apostel Johannes erinnerte sich ebenfalls an Jesajas Prophetie als er schrieb: „Obwohl er aber so viele Zeichen vor ihnen getan hatte, glaubten sie nicht an ihn“ (12,37). Johannes sagte sogar: „Darum konnten sie nicht glauben“ (V. 39). „Gott hat ihnen einen Geist der Schlafsucht gegeben“ fügt Paulus hinzu, als er sich auf dieselben Worte aus Jesaja bezieht (Röm. 11,8).

„Sie konnten nicht glauben“? „Geist der Schlafsucht“? Das sind schwerwiegende Worte. Was bedeutet das? Die Wege des Herrn übersteigen unser Verstehen. Warum würde Gott kollektiv Israels Augen und Ohren für genau jene Botschaft verschließen, für die sie eigentlich bestimmt waren, sie in eine verlorene Welt zu tragen?

„Durch ihren Fall ist den Nationen das Heil geworden“, schreibt Paulus im gleichen Römerbrief (11,11). Hätte es keine andere Möglichkeit gegeben? Paulus schweigt. Gott schweigt.

„Ihr Fall [ist] der Reichtum der Welt und ihr Verlust der Reichtum der Nationen“ (V. 12).

„Das ist nicht fair“, rufen wir. Aber wir bekommen keine Antwort. Bis auf das Zeugnis der Jahrhunderte, dass Jesaja richtig gehört hat.

Wie lange?

Jesajas Offenbarung war bei den verschlossenen Augen und Ohren und verhärteten Herzen noch nicht zu Ende. Wie lange, o Herr?, fragte er. Wie lange wird es dauern? Wie lange werden ihre Augen nicht sehen? Wie lange werden ihre Herzen verhärtet sein?

Jesaja sprach von zerstörten Häusern, vernichteten Äckern und verlassenem Land – Worte, die sich mit detaillierter Genauigkeit erfüllten. Die Babylonier, Perser, Griechen, Römer, Byzantiner, Araber, Türken, Kreuzritter und Briten – sie alle herrschten im Land, bevor ein anderes „Israel" sich erhob.

In jenen Jahrhunderten wurde Salz auf den Feldern ausgebracht, um ihre Fruchtbarkeit zu zerstören. Bäume wurden gefällt, um ihre Besteuerung zu umgehen. Malariaverseuchte Sümpfe entstanden überall.

Als Mark Twain Israel im ausgehenden 19. Jahrhundert besuchte, beschrieb er es als ein völlig vernichtetes Land. Dennoch zog es das jüdische Volk immer zurück zu ihrem verheißenen Erbe. Jahrhunderte lang erinnerte ihre Passahliturgie – „Nächstes Jahr in Jerusalem"! – sie an ihre eigentliche Heimat.

„Wie die Terebinthe und wie die Eiche, an denen, wenn sie gefällt sind, ein neuer Trieb kommt – ein heiliger Same ist sein neuer Trieb", wurde Jesaja gesagt (6,13).

Der Stumpf würde wieder austreiben. Israel würde zurückkehren. Und wenn sie zurückkehrten, würde sich Jesajas „bis" erfüllen: Seine Augen und Ohren würden nicht verschlossen bleiben, seine Herzen nicht länger verhärtet sein.

Hesekiels Vision des Tales mit den Totengebeinen (Hes. 37) stellt eine Parallele zu Jesajas Vision dar. Jesaja sah das vernichtete Land ohne Einwohner; Hesekiel sah ein Tal voller trockener Gebeine, eine Nation, die nicht mehr existierte. Jesaja sah einen Stumpf, der wieder austreiben würde, Hesekiel sah, wie die Gebeine sich wieder zusammenfügten – das nördliche und südliche Königreich würde vereinigt sein und es würde nicht mehr zwei, sondern eine Nation geben. Er sah den Odem – geistliches Leben – in die wiedererstandene Nation fließen.

> Und ich werde euch aus den Nationen holen und euch aus allen Ländern sammeln und euch in euer Land bringen. Und ich werde meinen Geist in euer Inneres geben; und ich werde machen, dass ihr in meinen Ordnungen lebt und meine Rechtsbestimmungen bewahrt und tut. *Und [ihr] werdet erkennen*, dass ich der HERR bin (Hes. 36,24,27,38, Hervorhebung des Autors).

Ihr werdet erkennen, dass ich der Herr bin, wenn die Felder wieder gepflügt und besät werden! Ihr werdet erkennen, dass ich der Herr bin, wenn ich eure Bevölkerung wieder vermehre! Ihr werdet erkennen, dass ich der Herr bin, wenn die Städte bewohnt und die Trümmer wieder aufgebaut werden! Ihr werdet erkennen, dass ich der Herr bin, wenn die Zahl von Mensch und Tier unter euch zunehmen wird! Ihr werdet erkennen, dass ich der Herr bin, wenn ich euch fruchtbarer mache, als ihr je zuvor wart!

Die Jesus-Generation

1967 ist ein denkwürdiges Jahr.

Seit dem ersten Jahrhundert hat es keine Generation gegeben, in der so viele jüdische Menschen in so vielen Erdteilen, sowohl in Israel als auch in der Diaspora, zum Glauben an Jesus kamen wie heute. Es geschah etwas in den Himmeln, als Jerusalem im Jahre 1967 unter Israels Kontrolle kam.

Seit dem ersten Jahrhundert hat es keine Generation gegeben, in der so viele jüdische Menschen in so vielen Erdteilen zum Glauben an Jesus kamen wie heute.

In der Ausgabe vom 12. Juni 1971 der Zeitschrift *Time* erschien ein ausführlicher Bericht über die Jesus-People-Bewegung der späten 60-er Jahre. Dreimal datiert der Autor des Artikels den Anfang der Bewegung auf 1967.[3] Es geschah um jenes

Datum herum, dass der Hauptanteil der heutigen Leiter der messianisch-jüdischen Bewegung zum Glauben an Jeschua kam.

Joseph Shulam, ein in Israel geborener messianischer Leiter in Jerusalem, sagt:

> In den frühen 60-er Jahren konnte man kaum zwei Dutzend Juden in Jerusalem finden, die an Jeschua als ihren Messias glaubten. Und jene, die das taten, lebten in einer schrecklichen Angst davor, entdeckt und von der jüdischen Gemeinschaft völlig verstoßen zu werden. Jetzt, fünfzig Jahre später, gibt es Hunderte, wenn nicht gar Tausende von Juden in Jerusalem, die glauben, dass Jeschua der Messias ist und sich zu einer der neun hebräischsprachigen Gemeinden, die in Jerusalem zusammenkommen, zählen. Wenn der Herr uns in den nächsten fünfzig Jahren dieselbe Wachstumsrate im Leib des Messias schenken würde wie in den vergangenen fünfzig Jahren, dann werden wir bald einen Messianischen Juden als Präsidenten des Staates Israel haben![4]

Joel Chernoff, Generalsekretär der Messianisch-Jüdischen Allianz Amerikas, stimmt zu. „Das messianische Judentum ist bei weitem die am schnellsten wachsende Glaubensströmung innerhalb der jüdischen Gemeinschaft".[5]

Jesajas Vision ist dabei sich zu erfüllen. Die Augen werden, manchmal beinahe unfreiwillig, geöffnet. Die meisten würden sich wünschen, dass ihre Suche nach der Wahrheit *nicht* bei Jesus enden würde. Und dennoch *wollen* sie die Wahrheit.

Ein Lebenszeugnis

X Ich traf Gari, als ich aus Florida nach Nashville zog. Sie begann, an Jesus zu glauben, als sie nach einem Autounfall bereits über acht Jahre teilweise gelähmt war. Sie war in New York aufgewachsen und zu einer Rehabilitation ans Meer gezogen, mit Krücken und allem drum und dran. Ein „Strandevangelist" begann eine Unterhaltung mit ihr.

„Ich bin jüdisch", sagte sie zu ihm. „Wir glauben nicht an Jesus." Und dennoch begann etwas in ihr sich zu regen. Warum wurde sie so ärgerlich? Berührte diese unerwartete Begegnung eine innere Not in ihr?

Später humpelte sie in ein Restaurant, wo nur noch ein Platz an der Theke frei war. Der Mann neben ihr begann ein Gespräch. Er sagte ihr, dass er oft in Kneipen kam, um Menschen zu treffen, die eine ewige Antwort auf ihre Probleme brauchten, und diese Antwort war Jesus!

Nachdem sie ihre übliche „Kein Interesse!"-Antwort gegeben hatte, hörte sie, wie sie seine Einladung, einmal einen christlichen Gottesdienst zu besuchen, annahm. Später ärgerte sie sich über ihre eigene ungewohnte Reaktion, aber sie war keine, die nicht Wort hielt.

Als sie sich im Gottesdienst hinsetzte, fiel ihr Blick auf die Jacke, die der Mann neben ihr trug. Es war eine Jeansjacke mit einem großen Davidstern auf dem Rücken. In der Mitte des Sterns befand sich ein christliches Symbol. Sie weinte während des gesamten zweistündigen Gottesdienstes.

Was bedeutet das?, fragte sie sich. *Bekomme ich hier eine Gehirnwäsche? Was passiert mit meinen Gefühlen? Ich habe ja völlig die Kontrolle verloren!*

Als sie wieder im Haus ihrer Mutter war, begann Gari in der Literatur zu lesen, die sie in der Kirche erhalten hatte. Unter den Traktaten war auch ein Faltblatt, das erklärte, wie man den Herrn annehmen konnte, und es enthielt ein Beispiel, wie man im Gebet Jesus in sein Herz bitten konnte. Als Gari die Worte las, begann sie mitzubeten und stoppte dann abrupt aus Überraschung über ihre eigene Reaktion. Dann fügte sie fast beiläufig hinzu: „Jesus, wenn es Dich wirklich gibt, dann muss ich das wissen".

Die Knochen in ihrem Rückgrat knackten, als die jahrelange Lähmung von ihrem Körper wich. Sogar ihr Schielen, unter dem sie ihr Leben lang gelitten hatte, war geheilt!

15 Minuten lang ging sie verwundert auf und ab und glaubte, sie befände sich in einer Art Traumzustand. Sie wollte das Zimmer nicht verlassen, weil sie Angst hatte, sie würde sich das alles nur einbilden. „Du *bist* echt!" bekannte sie schließlich dem Messias, den sie nicht gekannt hatte.

Gari liebt es, ihre Geschichte zu erzählen. Jetzt betet sie dafür, dass Gott auch im Leben ihrer Angehörigen und Freunde souverän eingreift.

Stan Telchin, ein millionenschwerer Versicherungsagent des Round Table, kam bei dem Versuch, seine ältere Tochter davon zu überzeugen, dass ihr neugefundener Glaube an Jeschua nichts wert war, zum Glauben. Er kaufte Bibeln, Kommentare und Studienführer, um zu beweisen, dass Jesus nicht der Messias ist. Er ging mit seinen Fragen zu seinem Rabbi und suchte nach Gründen, um nicht zu glauben. Stan war emotional so gegen seine eigenen Ergebnisse eingestellt, dass er seinen Glauben nicht zugeben konnte. Erst als er sich selbst ein Gebet im Namen Jeschuas beenden hörte, wurde ihm bewusst, dass in seinem Herzen der Glaube ohne seine bewusste Erlaubnis gewachsen war. Seine geistlichen Augen wurden geöffnet, so wie Jesaja es verheißen hatte!

Stans Frau Ethel hatte eine ähnliche Erfahrung. „Ich war die Nacht zuvor noch mit dem Glauben ins Bett gegangen, dass Jesus zwar ein guter Mensch, aber dennoch nicht der war, der Er zu sein vorgab. Als ich am Morgen aufwachte, wusste ich, dass es wahr war: *Jesus ist der Messias*."[6]

Der Glaube kam zu Dr. Stephen Stracher, einem Arzt der amerikanischen Bundesflugbehörde, als er sich in einem Zen-Meditationssaal befand. Man hatte ihm gesagt, dass Jesus und Buddha ein und dasselbe sagten, aber er konnte Jesu Todeskampf am Kreuz nicht mit Buddhas Erleuchtung durch Entspannung zusammenbringen.

Als er über die Lebenswege Jesu und Buddhas nachdachte, erkannte Stephen, dass er, um zu verstehen, wie diese beiden Wege eins wurden, Jesus in seiner Ganzheit erfahren musste. Aber wie? Er erinnerte sich an Jesu Behauptung der Messias Israels zu sein und fand so die Antwort. Um Jesus zu erfahren, musste Er ihn als den akzeptieren, der Er zu sein behauptete.

Stephen erzählt: „In meinem Verstand sprach ich laut und mit völliger Überzeugung aus: *Jesus, ich akzeptiere Dich als den Messias Israels.* In meinem Verstand hörte ich die Worte: *Siehe, das Passahlamm, das die Sünde der Welt wegnimmt.* Ohne Warnung oder Vorbereitung ... zu meiner völligen Überraschung sah ich plötzlich, dass es wahr war!“[7]

Die Offenbarung von Jesus als dem Messias erfasste Dr. Vera Schlamm, als sie den Propheten Jesaja las. Vera und ihre Familie waren nach dem Sieg der Alliierten im Februar 1945 aus dem Konzentrationslager Bergen-Belsen befreit worden. An Jesus gläubig zu werden, war das letzte, was sie vorhatte, aber sie befand sich auf einer ernsten Suche nach Gott und las in einer Bibel, die ihr jemand gegeben hatte.

„Als ich zu Jesaja 53 kam“, sagt sie, „schien es so offensichtlich zu sein, dass diese Stelle über Jesus sprach, dass ich dachte: „*Nun, dies ist eine christliche Übersetzung, und sie haben den Text verdreht, damit er so klingt.* Als ich am darauffolgenden Freitagabend im Temple Emmanuel war, den ich regelmäßig besuchte, nahm ich die Heilige Schrift aus den Sitzreihen und öffnete das 53. Kapitel in Jesaja. Der Wortlaut war ein wenig anders, aber es klang *immer noch* nach Jesus!“ Nur kurze Zeit später bekannte Vera ihren Glauben an Ihn.[8]

Viele Christen dieser Generation sind überrascht von dem rasanten Wachstum der Kinder Israel, die zum Glauben kommen. Andere haben es erwartet.

Einige unserer jüdischen Repräsentanten vom Komitee des Toward Jerusalem Council II trafen sich kürzlich mit zwei prominenten Theologen der Orthodoxen Ostkirche. Nachdem sie sich vorgestellt und ihre Mission erklärt hatten, – nämlich die Kirche herauszufordern, sie aufzunehmen – hörten unsere Repräsentanten, wie die gelehrten Männer sagten: „Wir wussten aus unseren eigenen Studien der Schrift, dass sie kommen würden. Wir wussten nur nicht, dass es sie schon gibt!"

Verstehen Sie jetzt, warum ich so zuversichtlich über meinen namenlosen Freunden in den Straßen Jerusalems betete? Warum ich weiß, dass viele von ihnen noch zum Glauben kommen werden? Können Sie verstehen, warum mein Herz bei jedem Bericht vor Freude bebt, wenn ich höre, dass eines der Kinder Israel nach Hause gekommen ist? Warum die Worte der Propheten in meinem Geist immer wieder erklingen?

Vor vielen Jahrhunderten, lange bevor irgendeiner dieser Gläubigen überhaupt geboren war, sahen Hosea, Jesaja, Hesekiel und Paulus Reuven, Gari, Stan und Ethel, Vera, Stephen und Tausende mehr, die mit offenen Augen, hörenden Ohren und weichen Herzen ihren König empfangen.

Anmerkungen

1. Bei einem Folgebesuch nur sechs Monate später gab es bereits 200 Gläubige in dieser jüdischen Gemeinde!
2. Reuven Doron, *One New Man* (Cedar Rapids, IA: Embrace Israel, 1996), S. 59
3. "The New Rebel Cry: Jesus Is Coming!" *Time* (21. Juni 1971), S. 59
4. "The Theology of Israel's Fiftieth Birthday", *Teaching from Zion* (Jerusalem: Netivyah Bible Instruction Ministry, 1998), S. 2
5. Joel Chernoff, "The Lord Is Gathering His People", *Charisma* (April 1997)
6. Lesen Sie Stan und Ethels ganze Geschichte in seinem Buch *Betrayed* (Old Tappan, NJ: Chosen Books, Fleming H. Revell, 1981)
7. Dr. Strachers Geschichte wird in folgendem Buch erzählt: *Jewish Doctors Meet the Great Physician*, Ruth Rose, Hrsg. (San Francisco: Purple Pomegranate Productions, 1998), S. 55-68
8. Ebd. S. 107-122

Kapitel 10

Die auferstandenen „Nazoräer“

Ich bin ein jüdischer Mann.
Apostelgeschichte 22,3

Seit dem Niedergang der nazoräischen Gemeinschaften des 3. und 4. Jahrhunderts sind nie wieder so viele Kinder Israel zum Glauben an Jeschua gekommen wie heute. Jüdische Gläubige in den Jahrhunderten dazwischen waren von der Kirche überzeugt worden, dass sie ihre eigenen gottgegebenen Ordnungen und Feste aufgeben und die nichtjüdischen christlichen Praktiken annehmen müssten. Jene Praktiken waren manchmal nicht mehr als die christliche Verkleidung heidnischer Bräuche. Die Feier der Wintersonnenwende mit ihrem Baum und das Julfest zu Ehren der nordischen Götter wurde ins Weihnachtsfest zu Ehren von Jesus Geburt übersetzt. Aus Passah wurde Ostern. Die Beschneidung, die von den Heiden nicht verlangt wurde, wurde durch die Kindertaufe ersetzt. Die Bar Mitzva war nun die Konfirmation. Der jüdische Ausdruck des Glaubens an den jüdischen Messias war verloren gegangen.

All dies begann sich 1882 durch einen einflussreichen jüdischen Führer aus Kischinew in Moldawien namens Joseph Rabinowitz zu ändern. Rabinowitz, der in einem rabbinischen Haushalt aufgewachsen war, ließ sich vom Skeptizismus der Aufklärung umgarnen. Angesichts wachsender Judenverfolgungen in Russland war Rabinowitz nach Palästina gegangen, um dort Pläne für die Errichtung einer Kolonie für rückkehrende Immigranten zu schmieden. Als er dort war, hatte er auf dem Ölberg eine lebensverändernde Begegnung mit dem Messias und kehrte mit der Überzeugung in seine Heimat zurück: „Jesus ist der König, der Messias, der allein Israel erretten kann!“[1]

Drei Jahre später, im Jahre 1885, wurden die ersten Versammlungen der Israeliten des Neuen Bundes abgehalten. Ganze Menschentrauben versammelten sich, manche aus Neugier, manche aus Interesse, andere wollten Unruhe stiften. Einmal wurden Polizisten an der Tür postiert, um Ruhe und Ordnung zu bewahren. Anfang Februar jenen Jahres brach eine Straßendemonstration aus und drohte Rabinowitz Gewalt an.

All dies konnte ihn nicht abhalten. 1890 eröffnete Rabinowitz mit Erlaubnis der russischen Behörden die erste messianische Synagoge der modernen Geschichte. Jakob Wechsler, ein Zeitgenosse von Rabinowitz und Übersetzer einiger seiner Predigten, sagte einmal: „Wer hätte jemals geglaubt, dass ungefähr 100 israelitische Männer sich an jedem Sabbat in einem Haus versammeln würden, das zu Ehren Jesu, des Messias, erbaut wurde?“[2]

Nach seinem Erlebnis am Ölberg beschäftigte Rabinowitz sich nur noch mit zwei Themen: Israel und Jeschua (er verwendete immer Jesu hebräischen Namen), und er lehnte es ab, seine jüdische Identität abzulegen. Bis zu seinem Tod im Jahre 1899 wies sein Pass ihn als Juden aus. Sein Grabstein trägt auf seinen ausdrücklichen Wunsch folgende Inschrift: „Ein Israelit, der an Jehova und Seinen Gesalbten, Jeschua von Nazareth, König der Juden, glaubte, Joseph, Sohn Davids, Rabinowitz“.[3]

Vorzeichen kommender Tage

Weil er darauf bestand, immer noch jüdisch zu sein, obwohl er an Jeschua glaubte, stand Rabinowitz ständig im Konflikt sowohl mit der Kirche als auch mit der jüdischen Gemeinschaft. Gerade so, wie es auch bei den frühen „Nazoräern“ der Fall gewesen war, wusste die Kirche weitgehend nicht, was sie mit ihm anfangen sollten, und die jüdische Gemeinschaft betrachtete ihn als Verräter des Glaubens seiner Väter.

Rabinowitz vertrat seine Einstellung unmissverständlich, dass „alle Menschen allein durch Glauben an Jeschua, den Messias, ohne die Werke des Gesetzes gerechtfertigt werden“. Und gleichzeitig bestand er darauf: „Wir sind der Samen Abrahams nach dem Fleisch . . ., wir sind verpflichtet, jedes männliche Kind am achten Tag zu beschneiden, wie Gott geboten hat. Und weil wir die Nachkommen derer sind, die der Herr mit ausgestreckter Hand aus Ägypten geführt hat, sind wir verpflichtet, den Sabbat, das Fest der Ungesäuerten Brote und das Fest der Wochen zu halten, so wie es im Gesetz des Mose geschrieben steht“.[4]

Obwohl die Kirche insgesamt sich mit seinen unorthodoxen Ansichten nicht wohl fühlte, begrüßten einige Rabinowitz als eine der Erstlingsfrüchte, durch die sich die Endzeitprophetie erfüllen würde. Eine Reihe von Missionsgesellschaften, die von den Erkenntnissen der frühen Puritaner über das jüdische Volk beeinflusst waren, zeigten sich ebenfalls bereit, ihn aufzunehmen. Franz Delitzsch, Professor für das Alte Testament in Leipzig, Übersetzer des Neuen Testamentes ins Hebräische und selbst ein hebräischer Christ, schloss ebenso wie Alfred Edersheim, der hoch angesehene jüdisch-christliche Theologe, mit Rabinowitz Freundschaft.

Die Synagoge in Kischinew muss sowohl für Juden als auch für Nichtjuden eine seltsame Kombination gewesen sein. Jeder saß barhäuptig da, und doch stand dort eine Menora. Ein vorne aufgestellter Schrein enthielt die Torarollen. Der Sabbattext wurde dem für den jeweiligen Sabbat zugewiesenen Abschnitt der Tora entnommen, wie es in der Synagoge üblich war. Rabinowitz küsste häufig die Torarollen nach jüdischem Brauch, aber auch die Evangelien wurden gelesen.[5]

Die neue Synagoge erhielt aus London von der Mildmay Mission in England Unterstützung, sowie von der dänischen Israelmission, von Kirchen in Glasgow und Edinburgh, der Schwedischen Mission, und von Missionsgesellschaften aus Deutschland. Rabinowitz erhielt bald mehr Einladungen als er annehmen konnte. 1893 verbrachte er über einen Monat in den Vereinigten Staaten und wurde von Dwight L. Moody, dem bekannten Evangelisten, eingeladen, bei der Weltausstellung in Chicago zu einem jüdischen Publikum zu sprechen.

Rabinowitz achtete darauf, sich nicht konfessionell zu binden. Er betrachtete die Wiedergeburt der jesusgläubigen Synagogen als die Auferstehung der frühen jüdischen Gemeinschaft, ein

Wiedereinpfropfen der jüdischen Zweige, und war sich bewusst, dass dieses Erwachen Israels zum Glauben an seinen Messias „das höchste Leben in eine tote Welt bringen" würde, eine offensichtliche Anspielung auf Römer 11,15.[6]

Peter Hocken, der zeitgenössische römisch-katholische Priester und Schriftsteller, erkannte die Notwendigkeit ebenfalls. In seinem Buch *The Glory and the Shame* schreibt Hocken:

> Es ist von größter Wichtigkeit für einen fruchtbaren Beitrag des messianischen Judentums zur christlichen Einheit, dass die Heidenchristen, ob Katholiken oder Protestanten, ihm Raum geben, sich treu gegenüber dem Geist zu entwickeln und seinen einzigartigen Beitrag zu der katholisch-protestantischen Versöhnung zu leisten.[7]

Mit anderen Worten ist es wichtig, dass an jesusgläubige Juden die Freiheit bekommen, ihren eigenen Weg zu einem biblisch-orthodoxen Glauben mit einem modernen jüdischen Ausdruck zu finden.

Kai Kjaer-Hansen, der Rabinowitz-Biograph, fasst das Leben jenes Mannes mit folgenden Worten zusammen: „Die bleibende Bedeutung der Aktivitäten von Rabinowitz liegt vor allen Dingen darin, dass er beharrlich darauf bestand, dass sein Glaube an Jesus ihn nicht zu einem Ex-Juden machte, und dass seine jüdische Identität nicht im Taufbecken untergegangen war".[8]

Rabinowitz selbst verglich die jüdische Situation mit einem Arzt und seinem Patienten. Wenn der Arzt die Krankheit des Patienten diagnostiziert, drückt er an verschiedenen Stellen des Körpers und stellt Fragen wie „Tut das weh? Spüren Sie etwas? Merken Sie hier den Druck?" Nur wenn der Arzt die kranke Körperstelle berührt, heult der Patient vor Schmerz auf.

Wenn Rabinowitz geringschätzig über den Tanach gesprochen hätte, wäre niemand zusammengezuckt. Er hätte sogar behaupten können, dass die Schriften des Mose nur von Menschenhand verfasst wurden und keine Offenbarung Gottes waren, und die jüdische Gemeinschaft hätte geschwiegen. Er hätte sogar Gott verleugnen können, ohne dass es Aufsehen erregt hätte. Aber als er vom Heiligen Land zurückkehrte und von Jeschua als dem Messias sprach, hörte er Schmerzensschreie von allen Seiten.

Trotz der freudigen Anteilnahme jüdischer Missionsgesellschaften aus aller Welt hatte die von Rabinowitz aufgebaute jesusgläubige Synagoge in Moldawien nicht Bestand. Die Erlaubnis der russischen Regierung für dieses seltsame jüdische Bethaus wurde nur Rabinowitz persönlich erteilt und starb mit ihm. Es gab keinen Nachfolger. Das Gotteshaus schloss nach seinem Tod und wurde nur kurzfristig noch einmal geöffnet, bevor es in eine griechisch-orthodoxe Kirche umgewandelt und danach als Kino benutzt wurde. Es schien das Ende einer Ära zu sein.

Das Erbe des Joseph Rabinowitz

Und dennoch geriet Joseph Rabinowitz nicht völlig in Vergessenheit, sondern entzündete eine Flamme von wachsendem Interesse an Israel und dem jüdischen Volk. Denken Sie nur daran, dass dies auch die Jahre Theodor Herzls und der zionistischen Bewegung waren, eine Zeit, als Regierungen und Kirchen für eine mögliche Wiedergeburt des Landes wach wurden.

Die Hebrew Christian Alliance of America wurde 1915 ins Leben gerufen, „um jüdische Gläubige in Gemeinschaft zusammen zu führen und um ein Licht für ihr Volk zu sein“.[9] Jüdische Menschen begannen, Heilsgewissheit in Jeschua als ihrem Messias und Erlöser zu erhalten und Mitglieder der Hauptkonfessionen in den größeren Städten der Vereinigten Staaten und Englands zu werden.

Im Juli 1928 kam die International Hebrew Christian Alliance in Hamburg zusammen. Sir Leon Levison, Vorsitzender der Allianz, erwähnte in seiner Konferenzansprache Rabinowitz. Im Sommer 1931 fuhr S. H. Wilkinson nach Kischinew und las dort in der hebräischen Bibel, die im Besitz des Rabbi Rabinowitz gewesen war.

In London gründete die unter Juden arbeitende Mildmay Mission, die Rabinowitz unterstützt hatte, eine hebräisch-christliche Gemeinde. Andere solche Gemeinden entstanden mit dem Ziel, viele der biblischen Bräuche zu erhalten und dennoch die Rechtfertigung aus Gnade durch den Glauben zu verkünden.

Aber das waren nicht Synagogen, wie Rabinowitz sie begonnen hatte. Es waren Missionen, die dem jüdischen Volk ihren jüdischen Messias unter der Annahme bezeugten, dass diejenigen, die Ihn annahmen, Teil der etablierten Kirche werden würden.

Dieses Denken herrschte auch noch zu der Zeit vor, als Martin Chernoff 1940 seinen jüdischen Messias annahm. Seine Frau Yohanna erzählt die ganze Geschichte in ihrem Buch *Born a Jew… Die a Jew.*[10] Marty wurde ein brennender Jünger des Herrn und bezeugte seinen Glauben leidenschaftlich sowohl gegenüber Juden als auch Heiden und ging davon aus, dass alle Glieder der „Kirche" werden würden. In den nächsten 30 Jahren arbeitete er in der jüdischen Mission im Rahmen einer bestehenden Kirche. Obwohl es mehrere solche jüdische Missionen gab, waren Marty und Yohanna überrascht von der Anzahl Christen, die nicht glaubten, dass eine umfangreiche Erweckung bis nach dem Auftreten des Antichristen und der Entrückung der Kirche möglich war. Diese Christen waren nicht auf die unerwarteten Entwicklungen der nächsten Jahre vorbereitet.

Das messianische Judentum wird geboren

Und dann kam das Jahr, das eine Veränderung in den Himmeln mit sich brachte. Im späten Frühjahr 1967 ließen fünf arabische Nachbarstaaten ihre Armeen und Kriegsmaschinerie an Israels Grenzen vorrücken. Sie beabsichtigten, die Nation zu zerstören. Am 5. Juni kam Israels Präventivschlag, mit dem es jene Nationen in der heute als Sechs-Tage-Krieg bekannten Schlacht in die Flucht schlug. Bei Kriegsende waren Jerusalem, inklusive der Klagemauer, der Tempelberg und ein Großteil Judäas (jetzt „palästinensisches" Gebiet) und Samariens (die West Bank) unter israelischer Kontrolle.

Zu etwa der gleichen Zeit begann die Zahl der jesusgläubigen jüdischen Menschen stärker zu wachsen. In den Vereinigten Staaten kamen viele von ihnen durch die Jesus-Bewegung zum Glauben, die 1967 begann. Die Notwendigkeit der Unterweisung in der Nachfolge dieser brennenden jungen Gläubigen veranlasste die Chernoffs zum Umdenken. Die Konferenz der Hebrew Christian Alliance of America fand nur wenige Tage nach Beendigung des Krieges statt. Auf dieser Konferenz spürten die Chernoffs, dass eine Veränderung in der Luft lag, und sie wurden von einer Begeisterung ergriffen. Die Einnahme Jerusalems war offensichtlich ein weiteres Zeichen vom Himmel und sie konnten kaum erwarten, was die prophetischen Lehrer und Theologen sagen würden.

Aber da war nur Verwirrung. Weder die jüdischen noch die nichtjüdischen Gläubigen wussten, wie sie die aktuellen Nachrichten interpretieren sollten, und keiner der Konferenzredner kommentierte sie. Martin und Yohanna wussten nicht, dass viele dieser Gelehrten behauptet hatten, dass Jerusalem erst nach der Wiederkunft des Messias wieder unter israelische Herrschaft kommen würde. Sie schwiegen, weil sie noch keine Zeit gehabt hatten, ihre Theologie neu zu ordnen!

In den folgenden Jahren kämpften Marty und Yohanna darum, Gottes Gedanken für ihre junge Herde zu verstehen. Diese jüdischen Gläubigen fanden wie schon Rabinowitz vor 100 Jahren keine Gründe dafür, warum sie alles Jüdische ablegen sollten. Wie die frühen Gläubigen der Apostelgeschichte waren auch sie Juden, die in jüdischen Synagogen als Nachfolger Jeschuas Gottesdienst feiern wollten. Aber dazu gab es keine Möglichkeit.

Anfang 1970 erhielt Marty Chernoff eine visionäre Anweisung vom Herrn. Zwei Worte leuchteten in Form eines Banners vor ihm am Himmel auf: *Messianisches Judentum.* Marty verstand darunter, dass die Zeit gekommen war, einen Leib der Gläubigen zu bilden, der nicht an die äußeren Formen der Kirche gebunden war. Die Zeit war gekommen, eine jüdische Synagoge für Nachfolger Jesu zu gründen.

Im Oktober jenen Jahres legten die Chernoffs ihren Vorsitz der Missionsgesellschaft und angeschlossenen Gemeinde Beth Messiah in Cincinnati, Ohio nieder. Sie zogen später nach Philadelphia und wurden Leiter einer anderen messianischen Gemeinde, Beth Yeshua, und hielten ihre Beziehung zu der Hebrew Christian Alliance aufrecht. 1975 änderte sie ihren Namen in

Messianic Jewish Alliance of America, in der Beth Yeshua ihren Platz als eine der visionären Gemeinden an der Spitze der Bewegung einnahm. Es gibt mittlerweile etwa 80 Gemeinden, die mit der MJAA verbunden sind.

Der Historiker David Rausch schreibt: „Die Änderung des Namens ... hatte weit mehr als nur semantische Bedeutung – sie repräsentierte eine Evolution der gedanklichen Prozesse und religiösen und philosophischen Anschauungen hin zu einem glühenderen Ausdruck der jüdischen Identität".[11]

In anderen jüdischen Herzen regten sich ähnliche Prozesse. Marty Waldman beschrieb seine eigenen Gefühle als Jude in einer nichtjüdischen Kirche, als er Mitte der 70er Jahre zum Glauben kam:

> Obwohl mich die Kirche im allgemeinen aufgenommen hatte, entdeckte ich bald, dass ich in meinem Wunsch, meine jüdische Identität in meinem Glaubensleben zu bewahren, nicht nur entmutigt wurde, sondern oft Verwirrung stiftete und sogar Vorwürfe bekam, „judaisieren" zu wollen. Als neuer jüdischer Nachfolger Jesu erlebte ich eine Identitätskrise, die nicht verschwinden wollte.[12]

Heute ist Marty der geistliche Leiter von Baruch HaShem, einer messianischen Synagoge in Dallas, Texas.

Daniel Juster, der in einer niederländisch-reformierten Kirche zum Glauben kam und in einer presbyterianischen Kirche ordiniert wurde, begann sich auf jüdische Ausdrucksformen zurückzuziehen und wurde zum Gründungsdirektor der Union of Messianic Jewish Congregations in den späten 70er Jahren. Etwa 80 weitere Gemeinden sind Mitglieder des UMJC. Juster sollte später dabei helfen, das Netzwerk *Tikkun* (Wiederherstellung) zu beginnen, das Gemeinden in den Vereinigten Staaten betreut und Partnergemeinden in Israel und der ehemaligen Sowjetunion hat.[13]

Die International Federation of Messianic Congregations ist eine kleinere Gruppe, die für eine sephardische Erweckung durch Jeschua betet und arbeitet. Diese Organisation betreut eine Reihe von Gemeinden in den Vereinigten Staaten sowie in Zentral- und Südamerika.

Keine dieser Vereinigungen existierte vor 1967, dem Jahr, in dem der Herr jenen prophetischen Schlüssel in den Himmeln umdrehte, um einige der Herzen in Seinem Bundesvolk zu öffnen.

Niedergang des Kommunismus – Aufstieg der Evangelisation

Das messianische Judentum der 80er Jahre befasste sich notwendigerweise mit der Entwicklung eines umfassenden jüdischen Ausdrucks des Glaubens an Jeschua. Hochzeiten, Bar Mitzvas, Ganztagsschulen, und Jeschivot zur Ausbildung messianischer Rabbis nahmen Gestalt an. Aber es fehlte noch ein zentrales Element der ursprünglichen messianischen Gemeinschaft des ersten Jahrhunderts – die apostolische Mission.

In den frühen 90er Jahren nach dem Niedergang des Kommunismus trat ein erstaunlicher geistlicher Hunger in Osteuropa zu Tage und es wurde zu einem erntereifen Feld. Jonathan Bernis, leitender Direktor der Hear o Israel Ministries, trat in die Ernte. Bernis entwickelte eine Vision, das Evangelium zu den osteuropäischen Kindern Israels zu tragen, von denen viele ihre jüdische Identität nach generationenlangen Verfolgungen und der atheistischen Indoktrination des Kommunismus aufgegeben hatten. Seine Organisation begann mit der Unterstützung jüdischer Kulturfestivals, bei denen immer Holocaustüberlebende geehrt wurden, von denen viele den Messias angenommen hatten. „Seit unserem ersten Festival ’93“, berichtet er, „haben über 125.000 russische Juden ein Bekenntnis ihres Glaubens an den Messias abgelegt, und mehr als ein Dutzend messianisch-jüdischer Gemeinden wurden dort gegründet und gedeihen prächtig.“[14]

Heute gibt es auch in Kanada, Westeuropa, Südamerika, Neuseeland und Australien blühende Gemeinden. Diese Gemeinden bringen Juden und Nichtjuden in ihrem gemeinsamen Glauben zusammen. Kirchen in Asien und Afrika wachen auf gegenüber Gottes unwiderruflicher Berufung Israels und stellen jüdische

Wurzeln wieder her. Nach Berichten eines Freundes, der sein Leben unter Arabern verbracht hat, gibt es sogar unter diesen Söhnen Ismaels eine wachsende Akzeptanz, dass „das Heil aus den Juden ist“ (Joh. 4,22).

Joseph Shulam berichtet von neun hebräischsprachigen Gemeinden in Jerusalem. Berichte aus dem restlichen Israel sind ermutigend, wenn auch noch nicht spektakulär. Einige Gemeinden haben bis zu 250 Mitglieder. Andere bestehen nur aus ein paar Leuten, die sich in einem Privathaus treffen. Eine aktuelle Studie, die von Kai Kjaer-Hansen und Bodil F. Skjott in Jerusalem veröffentlicht wurde, nennt 81 Gemeinden und Hauskreise, die in ganz Israel zusammenkommen.[15]

In jesusgläubigen Synagogen gibt es nicht nur jüdische Gläubige, sondern auch eine Reihe von nichtjüdischen Bundespartnern, die mit ihren eigenen jüdischen Wurzeln in Verbindung treten – ein Vorgeschmack der Zukunft.

1967 gab es weltweit keine einzige messianisch-jüdische Gemeinde. Heute sind es laut eines Artikels in *Christianity Today* über 350.[16] 1967 gab es schätzungsweise 2.000 an Jesus gläubige jüdische Menschen. Ein Artikel in der Zeitschrift *Charisma* erwähnt eine Studie aus dem Jahre 1990, die angibt, dass mehr als 1 Million jüdische Menschen allein in den Vereinigten Staaten „eine gewisse Form des Glaubens an Jeschua“ ausdrücken.[17]

Es ist nichts Ungewöhnliches mehr, jüdischen Menschen zu begegnen, die Jesus als Messias angenommen haben. Viele dieser Gläubigen gehören immer noch zu der Kirche in ihrer nichtjüdischen Ausdrucksform. Einige sind in ihren örtlichen Synagogen geblieben. Dies verändert sich zunehmend durch die Gründung jesusgläubiger Synagogen. In diesen Synagogen gibt es nicht nur jüdische Gläubige, sondern auch eine Reihe von nichtjüdischen Bundespartnern, die mit ihren eigenen jüdischen Wurzeln in Verbindung treten – ein Vorgeschmack der Zukunft.

Wachstum inmitten von Widerstand

Dieses neue Profil entwickelt sich manchmal trotz enormer Widerstände. In der Anfangszeit von Beth Yeshua in Philadelphia gab es Bomben- und Morddrohungen. Reifen wurden aufgeschlitzt. Kinder wurden angespuckt. Die jüdische Gemeinschaft war wütend, dass eine messianische Synagoge Gelände in ihrer Wohngegend erwerben wollte. Plakatwände warnten vor dieser „Sekte" in „eurer Nachbarschaft" und rieten den Leuten, „passt auf eure Kinder auf".[18]

Für einen Sonntagmorgen wurde ein Protestmarsch organisiert. Ganze Busse voll Teilnehmer kamen aus anderen Städten angereist. Die Mitglieder von Beth Yeshua verwandelten die geplante Drohung in ein Festival mit jüdischer Musik und Tanz und einer Proklamation des jüdischen Messias.

Erst vor kurzem versammelte sich die Baruch HaShem-Gemeinde in Dallas, Texas, zu ihrem Gottesdienst am Sabbatmorgen, als ein mit einem Maschinengewehr bewaffneter Neonazi in diese friedliche Umgebung eindrang. Die Tatsache, dass niemand umkam, kann nur dem Herrn zugeschrieben werden. Zweimal legte der Mann das Gewehr an und drückte den Abzug, aber auf mysteriöse Weise zog der Gewehrlauf nach oben und die Schüsse feuerten ungefährlich in den leeren Himmel. Mütter und Kinder wurden starr vor Angst; einige verletzten sich, als sie aus den Fenstern kletterten, um der Schießerei zu entkommen, bevor die Polizei eintraf und den Mann überwältigen konnte. Er wurde daraufhin verurteilt und verbrachte mehrere Jahre hinter Gittern.

Im ehemaligen Sowjetblock war der Widerstand ebenfalls heftig. Ein messianisch-jüdisches Festival musste abgesagt werden, weil die Polizei nicht für die Sicherheit der Teilnehmer garantieren konnte. Bei anderen Veranstaltungen wurden große Säle wegen wiederholter Bombendrohungen mitten im laufenden Programm geräumt.

Der Widerstand wächst auch in Israel. Rückkehrenden gläubigen Immigranten wurde aufgrund ihres Glaubens das Bürgerrecht verwehrt. *Sabre*, in Israel geborene Juden, und andere Gläubige wurden geschlagen. Häuser und Synagogen sind immer wieder beschädigt worden. Einmal wurde eine Gemeinde während des Sabbatgottesdienstes umstellt. Die Gottesdienstbesucher konnten das Gebäude erst verlassen, als die Polizei schützend eingriff.

Dieses Szenario ähnelt mehr und mehr den Verhältnissen des ersten Jahrhunderts, aber die „Nazoräer“ sind wieder da – und diesmal werden sie bleiben!

Etwas Neues geschieht

Bei der Gestaltung dieser Synagogen treten viele Fragen auf. Das Rabinowitz-Modell ist über 100 Jahre alt und auch Rabinowitz hatte nicht auf alles eine Antwort.

Welche Teile des jüdischen Erbes sollten erhalten und welche Teile aufgegeben werden? Was sollte in die neuen Synagogen mit aufgenommen werden? Welche Ausdrucksformen des Judentums sind wertvoll, und welche sind kontraproduktiv für den neu angenommenen Glauben?

Sollten dort Torarollen vorhanden sein? Sollten die Gemeinden jede Woche aus diesen Rollen lesen? Sollten die Versammlungen am Sabbat stattfinden? Welche Art der Anbetungsmusik sollte verwendet werden? Sollten Tanzelemente in die Anbetung integriert werden? Sollten die Männer eine *Jarmulke*, eine kleine Kopfbedeckung, tragen? Oder einen *Talit*, den jüdischen Gebetsschal? Sollten die Synagogenvorsteher Rabbis genannt werden? Wie viel jüdische Liturgie sollte verwendet werden, wenn überhaupt?

Wie viel sollte man von der (nichtjüdischen) Kirche annehmen, ohne die jüdische Identität aufzugeben? Und was sollte man mit Nichtjuden tun, die sich der Bewegung anschließen wollen? Sollte man sie auch für Leitungsaufgaben vorschlagen? Was kann man tun, um die jüdische Identität zu bewahren, wenn Nichtjuden mit hinzukommen? Wie können Juden mit der Nichtjüdischen Kirche eins werden und doch jüdisch bleiben?

Dan Juster schreibt in seinem Buch *Jewish Roots*:

> Manchmal verlieben sich messianische Juden bei dem Versuch, ihren jüdischen Wurzeln wieder Bedeutung zu

geben, in rabbinische Bräuche und rabbinische Gottesdienstformen. Ich bin zu der Überzeugung gelangt, dass das rabbinische Judentum eine gravierendere Abweichung vom biblischen Glauben ist, als ich es in der ersten Zeit meiner jüdischen Entwicklung begriffen habe ... Die Atmosphäre des Neuen Testamentes führte den Geist der hebräischen Schriften durchdringend und tiefgehend weiter. Das Herzstück des Rabbinismus ist eine gravierende Abweichung und alternative Offenbarung in Verbindung mit menschlicher Vernunft ... Wir sind jüdische Menschen, die biblisch gegründete Juden des Neuen Bundes sind und nicht rabbinische Juden![19]

Juster glaubt, dass diese wiederauferstandene Gemeinschaft eine kreativere Entwicklung von Materialien ermutigen sollte, welche die Fülle des Glaubens im Kontext des jüdischen Lebens und seiner Gebräuche reflektieren. Diese Bereiche umfassen jüdische Tänze, Speisen, Chanukka-Feste, Purim-Anspiele, Bar und Bat Mitzvas (die Feier der Reifung zum Mann im Alter von 13 Jahren, und der Reifung zur Frau meist im Alter von 12 Jahren), die Heirat unter einer *Chupa*, einem Baldachin, der für die Hochzeitsfeier während der Trauzeremonie verwendet wird, – all diese sind wichtige Ausdrucksformen eines jüdischen Glaubens, der Jeschua bekennt und die Tora ehrt. Die Sabbatlesungen aus der Tora und Haftora – Lesungen aus den Propheten und den Geschichtsbüchern – halten ebenfalls die Verbindung mit der jüdischen Gemeinschaft insgesamt aufrecht.

Es herrscht nicht immer Übereinstimmung bei den Antworten auf diese Fragen. Einige Jahre hatten sich die UMJC (Union of Messianic Congregations) und die MJAA (Messianic Jewish Alliance of America) weitgehend voneinander entfremdet. Aber als die Reife und Barmherzigkeit miteinander zunahm, versöhnten sich diese Bewegungen und heute genießen sie die erneuerte Gemeinschaft untereinander.

Die Kirche beobachtet diese auferstandene Gemeinschaft ebenfalls immer wieder prüfend. Rick Joyner, Autor und Herausgeber des *Morning Star Journal*, schrieb, dass er zunächst ein wenig beunruhigt war von der Entschlossenheit einiger innerhalb der messianischen Bewegung, ein gewisses Maß an Absonderung von der Kirche aufrecht zu erhalten. Später kam er zu dem Schluss, dass diese Distanzierung notwendig gewesen war.

> Wie weithin gelehrt wird gibt es drei grundlegende Beziehungsebenen. Die erste Ebene ist die Co-Abhängigkeit. Die nächste Ebene ist die Unabhängigkeit. Die letzte und höchste Beziehungsebene, nach der wir streben sollten, ist die Interdependenz.
>
> Auf der Ebene der Co-Abhängigkeit wird die schwächere Persönlichkeit normalerweise von der stärkeren verschluckt. Deshalb muss eine Person üblicherweise durch die Phase der Unabhängigkeit gehen, bevor sie zu der höchsten Ebene, der Interdependenz, kommen kann.
>
> Aus diesem Grunde musste die messianische Bewegung von der Kirche unabhängig bleiben, bis ihre Identität fest gegründet war. Ihre Identität muss stark genug sein für eine Beziehung zur Kirche, von der sie nicht verschluckt werden soll.[20]

Die Rückkehr so vieler jüdischer Menschen zum Messias in unseren Tagen bestätigt Gottes Bundesliebe zu Seinem Volk. Wir erleben die Erfüllung von Jesajas Vision, dass die jüdischen Augen geöffnet werden. Wir erfahren, was Hosea voraussah, dass Israel „sich bebend zum HERRN wenden" wird (Hos. 3,5). Wir sehen, wie der Odem in die auferstandenen Gebeine gehaucht wird, von denen Hesekiel sprach. Die Worte des Paulus über das Wiedereinpfropfen der Zweige bekommen ein ganz neues Gewicht. Und wir denken neu über die Worte Jesu nach, als er an jenem Tag über den Tempel blickte und sprach: „Wenn aber diese Dinge anfangen zu geschehen, so blickt auf und hebt eure Häupter empor, weil eure Erlösung naht" (Luk. 21,28).

Der Herr wird den Vorhang der Geschichte nicht ohne Sein geliebtes Israel fallen lassen.

Anmerkungen

1. Kai Kjaer-Hansen, Joseph Rabinowitz and the Messianic Movement: The Herzl of Jewish Christianity (Grand Rapids, MI: Wm. B. Eerdmans, 1995), S. 19
2. Ebd., S. 74
3. Ebd., S. 70
4. Ebd., S. 104
5. Ebd., S. 151, 152
6. Ebd., S. 5
7. Peter Hocken, *The Glory and the Shame: Reflections on the 20th Century Outpouring of the Holy Spirit* (Guildford, England: Eagle, 1994), S. 160
8. Kjaer-Hansen, *Joseph Rabinowitz and the Messianic Movement*, S. 233
9. Die Gründung der Hebrew Christian Alliance im Jahre 1915 wird erwähnt bei Michael Schiffman, *Return of the Remnant – The Rebirth of Messianic Judaism* (Baltimore, MD: Lederer Messianic Publishers, 1992), S. 27
10. Die vollständige Geschichte der Chernoffs ist zu lesen bei Yohanna Chernoff, *Born a Jew... Die a Jew: The Story of Martin Chernoff, a Pioneer in Messianic Judaism* (Hagerstwon, MD: EBED Publications, 1996).
11. David Rausch, zitiert in Chernoff, *Born a Jew... Die a Jew*, S. 178
12. Martin J. Waldman, „Reconciliation: A Jewish-Gentile Issue Facing the Church Today“ (unveröffentlicht), S. 2
13. Siehe Anhang C mit weiteren Informationen zu *Tikkun*.
14. Jonathan Bernis, „Have You Hugged a (Messianic) Jew Lately?“ *Charisma* (April 1997), S. 68
15. Kai Kjaer-Hansen und Bodil F. Skjott, *Facts & Myths About the Messianic Congregations in Israel* (Jerusalem: United Christian Council in Israel in cooperation with the Caspari Center for Biblical and Jewish Studies, 1999), S. 16
16. Gary Thomas, "The Return of the Jewish Church", *Christianity Today* (September 1998), S. 63
17. Thomas, "The Lord Is Gathering His People", *Charisma* (April 1997), S. 54
18. Chernoff, *Born a Jew... Die a Jew*, S. 183-197
19. Dan Juster, Einführung zu *Jewish Roots: A Foundation of Biblical Theology* (Shippensburg, PA: Destiny Image Publishers, 1995)
20. Rick Joyner, "The Messianic Movement", *Morning Star Journal*, Bd. 10 (Charlotte, NC: MorningStar Publications, 1999), S. 42

Kapitel 11

Jude und Heide – „*Ein* neuer Mensch“

Er hat aus beiden eins gemacht.
Epheser 2,14

„Ich bin ganz durcheinander! Ist Jeschua nicht ein jüdischer Messias? Ist das nicht mein eigenes Erbe? Sollte die Kirche nicht ihre jüdischen Wurzeln anerkennen anstelle von mir zu verlangen, mich mehr wie eine Nichtjüdin zu geben? Ist es falsch, dass ich will, dass die Gemeinde das versteht?“

Eine Frau, die erst vor kurzem aus Israel in unsere Stadt gezogen war, äußerte diese Fragen in einer Hausversammlung von jüdischen und nichtjüdischen Gläubigen. Es fiel ihr schwer, ihren Platz in der Gemeinschaft der Gläubigen zu finden.

Ich erinnerte mich an die Geschichte von David und Martha Stern, einem jüdischen Ehepaar, das zu einer messianischen Gemeinde in Jerusalem gehört. In einer Unterhaltung mit dem Pastor einer großen amerikanischen Kirche sprach dieser von einem messianischen Leiter, den er sehr bewunderte. „Aber warum muss er so jüdisch sein?“ stieß er hervor. Worauf Martha Stern reflexartig antwortete: „Warum müssen *Sie* so nichtjüdisch sein?“

Die Kirche ist zu einem heidnisch-moabitischen Ausdruck des Glaubens an den Messias geworden. Und trotzdem halten wir unsere Kirchen für kulturell neutral und wundern uns, warum jüdische Gläubige sich unter uns nicht willkommen fühlen, weil wir nicht wissen, wie weit wir uns von der Familie entfernt haben, die uns geboren hat. Wenn wir den Paulusbrief an die Epheser lesen und ihn von Juden und Heiden als dem „*einen* neuen Menschen“ sprechen hören, gehen wir davon aus, dass dieser eine neue Mensch wie eine gewöhnliche Kirche aussehen wird, zu deren bunter Mischung noch einige jüdische Gläubige hinzukommen. Jüdische Gläubige andererseits wundern sich oft darüber, wie die Kirche so unsensibel sein kein.

Das jüdische Erbe ehren

Obwohl man von den frühen nichtjüdischen Gläubigen nicht verlangte, jüdisch zu werden, war es wichtig, dass sie ihre jüdischen Wurzeln und ihr Erbe kennen lernten, damit sie den Glauben an den Messias verstehen konnten. Die neutestamentlichen Schriften können nur dann wirklich verstanden werden, wenn man sie mit den hebräischen Schriften, dem Alten Testament, der Tora und den Propheten, überkleidet. Diese frühen nichtjüdischen Gläubigen hatten nur die jüdischen Schriften und wurden darum im Tanach unterrichtet, den hebräischen Schriften. Erst nach und nach gewannen die neuen Schriften der Apostel Autorität.

Das gesamte Neue Testament, das in weiten Teilen für ein nichtjüdisches Publikum geschrieben wurde, wurzelt im Tanach. Jesus ist der Leidende Gottesknecht und das Lamm Gottes. Der jüdische Stammbaum ist das Erbe von Juden wie Heiden. Der Schöpfungsbericht, die Sintflut, der Turmbau zu Babel, die Berufung Abrahams, der Opfergang Isaaks, die Befreiung der Israeliten aus Ägypten und durch Moses Führung die Errichtung des Königreiches Israels – diese Ereignisse bilden Hintergrund, von dem aus die ganze Menschheitsgeschichte betrachtet wird.

Dieser frühe „*eine* neue Mensch“, von dem Paulus sprach, war das Zusammenkommen des Juden, der die Tora befolgte und an Jeschua glaubte, mit den Heiden, von denen man zwar nicht erwartete, das Gesetz zu halten, die aber dennoch gut in *ihrer* jüdischen Vergangenheit gegründet wurden.

Der Römerbrief des Paulus, der an die damals heidnischste aller Städte adressiert war, bezieht sich ständig auf Juden und Nichtjuden, wobei er daran arbeitet, den Glauben dieser ehemaligen Heiden zu festigen, die jetzt an den einen wahren Gott Israels und den Messias Israels gläubig geworden waren.

Dreimal erwähnt Paulus, dass das Evangelium „dem Juden zuerst“ gilt (Röm. 1,16; 2,9,10). Paulus selbst war speziell zu den Nichtjuden berufen, und doch erinnert er seine römischen Zuhörer daran, dass er wegen Israels Ablehnung seines Königs immer noch „große Traurigkeit habe und unaufhörlichen Schmerz“ in seinem Herzen (9,2). „Deren [ist] die Sohnschaft und die Herrlichkeit und die Bündnisse und die Gesetzgebung und der Gottesdienst und die Verheißungen“, klagt er (9,4), auch wenn er seinen nichtjüdischen Lesern versichert, dass auch sie jetzt in die Familie des Glaubens aufgenommen sind. Was die Errettung betrifft, so schreibt er: „Es ist kein Unterschied zwischen Jude und Grieche“ (10,12), aber Berufung und Begabung sind eine andere Sache. Israels Berufung ist unwiderruflich (vgl. 11,29).

Paulus spricht häufig über das Gesetz, obwohl diese ehemaligen Heiden nie eine Synagoge besucht hatten, wo die Tora an jedem Sabbat gelesen wurde.

Ein anderer Brief des Paulus richtet sich an Ephesus, eine Stadt, die für ihren „Tempel der großen Göttin Artemis“ bekannt war (Apg. 19,27). Paulus erinnert die Gläubigen in Ephesus an jene Zeiten: „[Ihr wart] ohne [Messias], ausgeschlossen vom Bürgerrecht Israels“ (2,12). Jetzt „seid ihr nun nicht mehr Fremde und Nichtbürger, sondern ihr seid Mitbürger der Heiligen und Gottes Hausgenossen“ (2,19). Sie wurden „Miterben Israels“ (3,6).

Mitbürger des Volkes Gottes? Miterben Israels? Dieser Gedanke muss für ein paar seiner Leser beleidigend gewesen sein, aber das hielt Paulus nicht ab. Seine ephesischen Leser waren „einst fern“, sind jetzt aber „durch das Blut des [Messias] nahe geworden (Eph. 2,13). Sie wurden mit Gott und miteinander versöhnt und haben jetzt beide „durch *einen* Geist den Zugang zum Vater“ (V. 18).

Rut (die Nichtjuden) hat Boas nicht enterbt (das jüdische Volk), sondern sich mit ihm verbunden – ist ein Mitglied seiner Familie geworden, eine Bürgerin seines Landes und Teilhaberin der Verheißungen. Sie kam aus einem Land der Hungersnot und wurde im Haus der Fülle willkommen geheißen. Sie ist nun eine Miterbin des Boas, nicht Erbin an seiner statt. Sie war einst eine Fremde gegenüber den Bündnissen der Verheißung, die ihm gehörten; nun ist sie Teilhaberin jener Verheißungen. Sie muss darauf achten, dass sie nicht mehr wandelt, „wie auch die Nationen wandeln" (Eph. 4,17).

Im Epheserbrief wird eine gewisse Kenntnis der hebräischen Schriften vorausgesetzt. Dieses Wissen hatten jene ehemaligen Anbeter der Artemis, weil Paulus die Stadt schon einmal zuvor besucht hatte, ein Besuch, der über zwei Jahre dauerte (vgl. Apg. 19,1-20).

Das Apostelkonzil zu Jerusalem (vgl. Apg. 15) hatte klar gemacht, dass die Beschneidung und die Feste, die Speisegesetze und der Sabbat für die Heiden nicht bindend war. Paulus spricht diese Themen sowohl bei den Römern (vgl. Röm. 14,1-8) als auch bei den Kolossern an (vgl. Kol. 2,16,17). Und dennoch feierten einige der frühen heidnischen Konvertiten die Feste. Dies traf auch auf das heidnische Korinth zu, wo Paulus die Menschen vor der Art und Weise warnte, wie sie das Passahfest feierten (vgl. 1. Kor. 5,7). Wir wissen mit Sicherheit, dass die Nichtjuden eines Tages (vielleicht im tausendjährigen Reich?) die Feste feiern werden (vgl. Sach. 14,16,17).

Könnte es deshalb für mich als Nichtjuden falsch sein, das Passahfest nach dem jüdischen Kalender zu feiern, und mich an meine eigene Befreiung vom Tod sowie die Befreiung der Familie, die mir das Leben gebracht hat, zu erinnern? Würde es dem Herrn missfallen, wenn ich mir als adoptiertem Bundesmitglied der Familie Zeit dafür nehme, meine Kinder und Enkelkinder über diesen Gott zu lehren, der immer Seine Versprechen einhält und der eines Tages kommen wird, um uns in einem zweiten großen Auszug von diesem Planeten der Sklaverei zu befreien und uns in unser verheißenes Erbe zu führen?

Warum sollte ich mich nicht dafür entscheiden, während dem Laubhüttenfest eine *Sukka* auf meiner Terrasse aufzustellen? Warum sollte ich diese Zeit nicht als Gelegenheit mit meinen Kindern und Enkelkindern ergreifen, sie über die Vorläufigkeit unserer Existenz zu lehren und über Jesus, der zeitweilig unter uns zeltete, sowie über die Versorgung, die „unser" Volk während der 40jährigen Wanderzeit erlebte?

Welche Zeit ist besser geeignet, um über das Kommen des Heiligen Geistes zu sprechen, als der jährliche Tag der Erinnerung *Shavuot* in Gottes Kalender, 50 Tage nach dem Kreuzigungstag an *Pessach*? Welche Reichtümer liegen für die Nichtjuden bereit, die jene besonderen Festtage feiern und damit unser gemeinsames Erbe im Glauben verdeutlichen?

Rückkehr zur Einheit

In den frühen Gemeinden lebten Jude und Heide in Liebe und Einheit zusammen. Es ist wahr, da ist „nicht Jude noch Grieche", wie Paulus den Galatern schrieb (3,28), und doch löscht dies nicht ihre Unterschiedlichkeit aus. (Mann und Frau sind ebenfalls „eins in [Messias]", sagt Paulus an der gleichen Stelle, aber wer würde jemals die Einzigartigkeit jedes Geschlechtes in Frage stellen?)

Die Tatsache, dass das Heil aus den Juden kommt – dass es „dem Juden zuerst" gepredigt werden soll – muss kein Affront gegenüber irgendeinem anderen Volk sein. Israels umliegende arabische Nachbarstaaten beispielsweise, die sich sehr schwer damit taten, seine Identität anzuerkennen, werden nur dann in ihre vorgesehene Bestimmung kommen, wenn sie Israels Messias und seinen Anspruch auf das Land, das ihm von Gott zugesprochen wurde, anerkennen. Hesekiel sprach insbesondere über eine Zeit, in der „Fremde", die also nicht von den 12 Söhnen Jakobs abstammen, wie „einheimische Israeliten" gelten und zusammen mit den Stämmen Israels ein Erbteil erhalten sollten (vgl. Hes. 47,22), aber nur, wenn sie diese erwählte Familie Gottes ehren und mit ihnen zusammenkommen würden.

Jesaja sieht eine Zeit kommen, in der Nichtjuden zu Priestern und Leviten ernannt werden (vgl. Jes. 66,18-21). Nichtjuden erhalten ihr volles Erbe nur, wenn sie den jüdischen Messias anerkennen und sich ihm unterordnen.

Für einen kurzen Moment in der Geschichte gab es eine faszinierende Mischung von Juden und Nichtjuden, als die jüdischen Apostel den Nationen des ersten Jahrhunderts die Gute Nachricht predigten. Jene einzigartige Mischung begann zu verderben, als die Nichtjuden begannen, die jüdischen Schriften zu bewahren, aber den Großteil ihres jüdischen Erbes abzulehnen. Ihre Einheit wurde weiter beschädigt, als die Kirche zu fordern begann, dass jüdische Gläubige ihre eigenen von Gott gebotenen, im Messias erfüllten Bräuche und Feste aufgeben und die im Heidnischen verwurzelte Kultur der Nationen annehmen sollten. Jesu Bezugnahme auf die „Zeiten der Nationen" wurde nun verständlich.

Die Zeiten der Nationen

Sowohl Jesus als auch Paulus gingen davon aus, dass die Dominanz der Nichtjuden enden würde: Jesus sprach davon, dass die „Zeiten der Nationen" einmal erfüllt sein würden (Luk. 21,24); Paulus sagte, dass die „Vollzahl der Nationen hineingekommen sein wird", bevor eine grundlegende Veränderung stattfindet (Röm. 11,25). Paulus meinte damit offensichtlich nicht, dass keine weiteren Heiden mehr zum Glauben kommen würden, da er sich ja gerade eben noch auf die große Erweckung bezog, die kommen sollte, wenn Israel seinen Messias annehmen würde (vgl. V. 12). Was meinte Paulus? Worauf bezog sich Jesus?

Die Geschichte Israels, von der Berufung Abrahams bis zu der Taufe des Kornelius war die „Zeit der Juden". Obwohl es immer wieder Momente gab, in denen Gott sich Menschen offenbarte, die nicht zu Abraham und seinen Söhnen der Verheißung gehörten, waren die klarsten und zuverlässigsten Offenbarungen für diese Bundesfamilie reserviert. Nur sie erhielten prophetische Kenntnis von der künftigen Erlösung der Menschheit durch den Messias.

Wir sind kurz davor zu erleben, wie die jüdische Leiterschaft im gesamten Leib des Herrn wiederhergestellt wird.

Der wunderbare Empfang des Kornelius in dieser ansonsten jüdischen Familie brachte eine rasche Wandlung. Innerhalb von wenigen Jahren hatte sich die Leiterschaft verändert, und in den nächsten 19 Jahrhunderten sollten wir die „Zeiten der Nationen" erleben. Erstaunlicherweise spricht die jüdische Tradition von den 2000 Jahren vor der Tora, 2000 Jahren der Tora und 2000 Jahren der Nationen. Dann soll der Messias wiederkommen und ein „Sabbat"-Jahrtausend einläuten.

Heute erleben wir wiederum eine Veränderung der ganzen Szene. Israel ist wieder da und jene große Erweckung zieht Kreise um den ganzen Erdball, so wie Paulus es vorhergesagt hatte. Nichtjuden tun Buße über Jahrhunderte langen Antisemitismus und stellen ihre jüdischen Wurzeln wieder her. Eine Liebe für das jüdische Volk wird auf übernatürliche Weise in die Herzen der Nichtjüdischen Kirche ausgegossen. „In jenen Tagen, da werden zehn Männer aus Nationen mit ganz verschiedenen Sprachen zugreifen, ja, sie werden Rockzipfel eines jüdischen Mannes ergreifen und [wörtlich und bildlich] sagen: Wir wollen mit euch gehen, denn wir haben gehört, dass Gott mit euch ist" (Sach. 8,23).

Wir sind kurz davor zu erleben, wie die jüdische Leiterschaft im gesamten Leib des Herrn wiederhergestellt wird. Wir treten in eine Zeit ein, in der die jüdische Nation als Anbeter Jesu/Jeschuas bekannt sein wird, und die ganze Kirche Israels erfüllte Rolle als Licht der Nationen ehren und anerkennen wird (vgl. Jes. 60,3). Wenn diese Aussage zu weit hergeholt klingt, dann bedenken Sie, dass die Ereignisse der letzten 50 Jahre vor einigen Generationen noch undenkbar gewesen wären!

Es könnte eine kombinierte jüdisch/nichtjüdische Leiterschaft sein, die wir erwarten könnten. Während der Zeit der Juden war die Leiterschaft jüdisch. Dann kam die Zeit der Nichtjuden. Aber wir werden das Zusammenkommen einer jüdisch/nichtjüdischen Braut vor der Wiederkunft des Herrn sehen.

Der Übergang von der jüdischen zur nichtjüdischen Leiterschaft dauerte mehrere Jahrzehnte. Der Wandel zu einer jüdisch/nichtjüdischen Leiterschaft befindet sich noch in seinem Anfangsstadium, und wir können nicht sicher sagen, welche Form sie annehmen wird. Aber eines ist sicher: Die jüdischen Gläubigen werden bleiben. Und etwas anderes ist genau so sicher: Die jüdische Leiterschaft im gesamten Leib des Herrn erhält wieder ihren Platz. Darüber hinaus bewegen sich Jerusalem, Israel und das jüdische Volk wieder auf eine Phase zu, in der weltgeschichtliche Prophetien erfüllt werden.

Die künftige Rolle Jerusalems und Israels

Es war Israel und Israels Messias, zu denen Gott durch Jesaja sprach: „Steh auf, werde licht! Denn dein Licht ist gekommen, und es ziehen Nationen zu deinem Licht hin" (Jes. 60,1,3). Diese Prophetie wurde in vergangenen Jahrhunderten nur teilweise erfüllt. Israels volle Bestimmung muss erst noch verstanden werden. Eine internationale Erweckung des Lobpreises und der Gerechtigkeit liegen noch vor uns (vgl. Jes. 61,11). Irgendwann in der Zukunft werden die Nationen der Welt am jährlichen Laubhüttenfest teilnehmen (vgl. Sach. 14,16). Gottes Kalender der Neumonde und Sabbate wird neue Bedeutung für die ganze Menschheit gewinnen (vgl. Jes. 66,23). Jesus selbst wird das Passah im erfüllten Königreich Gottes essen (vgl. Luk. 22,16).

Jerusalem, Zion und Israel werden die geschätzten Namen eines geehrten Volkes sein, während ehemalige Unterdrücker sich zu ihren Füßen niederwerfen werden und sie „Stadt des HERRN, Zion des Heiligen Israels" nennen werden (vgl. Jes. 60,14). Jerusalem wird eine „prachtvolle Krone sein in der Hand des HERRN" (Jes. 62,3). Das ist der Grund, warum Jesaja nicht schweigen wird, bis er die Gerechtigkeit aufstrahlen und die Erlösung aus dieser erwählten Stadt hervorbrechen sieht (vgl. Jes. 60,1,2).

Zusammen mit dem Propheten Jesaja sehnen wir uns nach jener Zeit, wenn die Erkenntnis des Herrn die Erde füllen wird, so wie die Wasser das Meer bedecken (vgl. Jes. 11,9), wenn ganz Israel gerecht sein und das Land für immer besitzen wird (vgl. Jes. 60,21).

Mit Jeremia erwarten wir, dass „Juda gerettet und Jerusalem in Sicherheit wohnen [wird]" (Jer. 33,16).

Wir beten und warten. Wir warten darauf, dass Seine [des Messias] Füße „an jenem Tag auf dem Ölberg stehen“, und dass der Berg sich in zwei Hälften spalten wird (es gibt eine geologische Verwerfungslinie genau an dieser Stelle) und der HERR König sein wird „über die ganze Erde“ (Sach. 14,4,5,9).

Wir warten auf die Zeit, wenn Kinder ihre vorgesehene Lebensspanne ausleben können; wenn Wolf und Lamm, Löwe und Kalb zusammen lagern werden, wenn der Säugling am Loch der Viper spielen wird und man „nichts Böses tun noch verderblich handeln“ wird „auf meinem ganzen heiligen Berg“ (vgl. Jes. 11,6-9; 65,20,25).

Wir beten, wir warten und wir hoffen.

„Herr, stellst du in dieser Zeit für Israel das Reich wieder her?“ fragten die Jünger nach Jesu Auferstehung und kurz vor Seiner Himmelfahrt (Apg. 1,6).

„Es ist nicht eure Sache, Zeiten oder Zeitpunkte zu wissen, die der Vater in seiner eigenen Vollmacht festgesetzt hat“, war Jesu Antwort (V.7). Mit anderen Worten: „Ihr habt die Propheten genau gelesen. Es wird eine Wiederherstellung des Reiches Israel geben. Euer Denken ist korrekt, aber den Zeitpunkt sollt ihr nicht wissen.“

Jesus muss im Himmel bleiben, bis der Zeitpunkt gekommen ist, dass alles wiederhergestellt wird, von dem Gott „durch den Mund seiner heiligen Propheten von jeher geredet hat“ (Apg. 3,21).

Wie sollen wir uns in der Zwischenzeit verhalten, in der wir auf die letztliche Erfüllung warten? Wie sieht dieser „*eine* neue Mensch“ in den ersten Tagen des 21. Jahrhunderts aus?

Wir werden eine Rückkehr zu dem sehen, was im ersten Jahrhundert begonnen hatte. Jüdische Gläubige werden beim Praktizieren ihres Glaubens jüdisch, und oft auch in ihren Synagogen bleiben, während nichtjüdische Gemeinden heranwachsen zu einer Wertschätzung des jüdischen Erbes.

Wenn wir dieses Modell des ersten Jahrhunderts wiederbeleben, werden immer mehr messianisch-jüdische Synagogen entstehen. Nichtjuden werden sich dafür entscheiden, Teil jener Gemeinden zu sein, weil sie in ihrer Liebe zum jüdischen Volk wachsen und ihre jüdischen Wurzeln wiederentdecken. Bibellesehilfen werden sich zurückhalten, innerlich das Wort „Kirche“ einzusetzen, wenn eigentlich „Israel“ geschrieben steht, und werden Gottes barmherzigen Blick für Sein Bundesvolk und dessen Rolle bei der Erlösung der Welt erhalten. Der biblische Kalender wird neue Bedeutung erlangen, wenn die Erlösten aus allen Nationen den Fingerabdruck Gottes auf diesen durch den Messias erfüllten oder noch zu erfüllenden jährlichen Erinnerungsfesten erkennen werden. Diesen nichtjüdischen Gläubigen wird es eine Freude sein, sich mit ihren jüdischen Geschwistern in der Verkündigung Gottes durch die biblischen Feste zu vereinen. Sie werden den Wunsch haben, ihre Liebe zu dem Gott Abrahams, Isaaks und Jakobs in den von Ihm verordneten Gebräuchen auszudrücken.

Zur gleichen Zeit wird das Herz der Kirche sich Jerusalem, Israel und dem jüdischen Volk an anderen Orten in Liebe zuwenden. Missionsaktivitäten rund um die Welt werden sich an die Ermahnung des Paulus an die Römer, „dem Juden zuerst“, erinnern. Pastoren, die den Römerbrief in ihren Predigten auslegend entlang gehen, werden nicht länger Kapitel 9 bis 11 ignorieren, als wären sie eine Unterbrechung in einem ansonsten hervorragenden Brief. Kirchenchöre werden ihr Weihnachtsprogramm üben und anfangen zu weinen, weil eine neue Offenbarung ihre Herzen für die wörtliche Bedeutung der Liedzeilen, die sie singen, öffnet:

> O komm, o komm Immanuel, und du erkauftes Israel!
> Freut euch, freut euch, Immanuel er kommt zu dir, o Israel![1]

Anmerkung

1. John Mason Neal, „*Psalteriolum Cantionum Catholicarum*“. Die englischen Worte dieses lateinischen Chorals, der 1710 komponiert wurde, stammen aus dem Jahre 1851. Anm. d. Übers.: Die englischen Worte wurden weitgehend wörtlich ins Deutsche übersetzt. Die verbreitete deutsche Version des Liedes *O come, o come Immanuel* lautet: „O komm, o komm, du Morgenstern“.

Kapitel 12

Aufgerufen zum Gebet

Ihr, die ihr den HERRN erinnert, gönnt euch keine Ruhe und lasst ihm keine Ruhe, bis er Jerusalem wieder aufrichtet und bis er es zum Lobpreis macht auf Erden!

Jesaja 62,6,7

Man schreibt das Jahr 522 v. Chr. Daniel, der praktisch in Babylon gelebt hat, so lange er denken kann, ist jetzt ein alter Mann. Eines Tages, als er aus der Schriftrolle Jeremias liest, bleibt er an der klaren Voraussage des Propheten hängen: „Erst wenn siebzig Jahre für Babel voll sind, werde ich mich euer annehmen und mein gutes Wort, euch an diesen Ort zurückzubringen, an euch erfüllen" (Jer. 29,10).

Es ist wahr, dachte Daniel, als er sich an die Jahre seit seiner eigenen Deportation nach Babylon unter Nebukadnezar erinnerte. Fünf weitere Könige regierten in Babylon, bevor es von Persien erobert wurde. Dann bestieg ein neuer König mit dem Namen Kyrus Persiens Thron.

Unter den Exilanten in Babylon waren die Erwartungen groß, als Kyrus König wurde. Jesaja hatte diesen Mann fast zwei Jahrhunderte vor seiner Geburt namentlich benannt und vorausgesehen, dass er die Freilassung der Exilanten gebieten und den Wiederaufbau der Stadt und des Tempels beginnen würde (vgl. Jes. 44,28 und 45,13). Es geschah genau, wie Jesaja es vorhergesehen hatte, dass Kyrus befahl: Lasst Jerusalem wieder aufbauen und legt die Fundamente des Hauses Gottes (Esra 5,13 ff.).

Die Arbeiten an der Stadt und am Tempel begannen mit großer Begeisterung. Aber König Kyrus starb, bevor die Arbeit beendet war, und Persiens nächster König war nicht so wohlwollend gegenüber den Söhnen Israels eingestellt.

Es geschah im ersten Jahr der Herrschaft des Königs Darius als Daniel wieder die vertrauten Worte liest. „Siebzig Jahre“, überlegt er, als er aus Jeremia liest. „Es ist 70 Jahre her, als der Tempel zerstört wurde. Die Vollzahl der Jahre nähert sich. Die Zeit ist erfüllt. *HaSchem's* (hebräisch für „der Name“) Wort irrt nie. Wir müssen weiter beten, bis wir seine Vollendung sehen.“

Daniel legt die Schriftrolle beiseite und beginnt zu beten:

> Ach Herr, du großer und furchtbarer Gott, der Bund und Güte denen bewahrt, die ihn lieben und seine Gebote halten! Wir haben gesündigt und haben uns vergangen und haben gottlos gehandelt, und wir haben uns aufgelehnt und sind von deinen Geboten und von deinen Rechtsbestimmungen abgewichen. Und wir haben nicht auf deine Knechte, die Propheten, gehört ...
>
> Bei dir, o Herr, ist die Gerechtigkeit, bei uns aber ist die Beschämung des Angesichts, ... bei unseren Königen, unseren Obersten und unseren Vätern, weil wir gegen dich gesündigt haben.
>
> Und nun, unser Gott, höre auf das Gebet deines Knechtes und auf sein Flehen! ... Herr, merke auf und handle! Zögere nicht, um deiner selbst willen, mein Gott! (Dan. 9,4-19)

Als Daniel im Gebet kniete, trug er auf seinen Schultern die Sünden von Generationen – von Juda und ganz Israel, von denen im Land und von denen im Exil, von Königen und Fürsten. Er bekannte Sünden, für die er nicht persönlich verantwortlich war, aber deren tragische Konsequenzen sein Leben geprägt hatten.

König Darius muss dies lesen, mag Daniel vielleicht gedacht haben. *Er muss wissen, dass sein eigener Großvater Kyrus vor über 200 Jahren als Wohltäter Israels erwähnt wurde. Er muss Jeremias Voraussage der Rückkehr sehen.*

Diese Szene ist erdacht, aber die Tatsachen sind wahr. Es geschah im ersten Jahr der Herrschaft des Kyrus, dass Jeremias Prophetie sich zu erfüllen begann (Esra 1,1). Es geschah im sechsten Jahr der Herrschaft des Darius, dass der Tempel fertig gebaut wurde (vgl. 6,15).

Zu jener Zeit waren Esra und Nehemia mit „Daniel-Gebeten" auf ihren Lippen nach Jerusalem zurückgekehrt. „Mein Gott, ich schäme mich und scheue mich, mein Gesicht zu dir, mein Gott, zu erheben! Denn unsere Sünden sind uns über den Kopf gewachsen ... Von den Tagen unserer Väter an sind wir in großer Schuld gewesen bis zum heutigen Tag", so ringt Esra inständig in der Fürbitte vor Gott (9,6,7).

„Lass doch dein Ohr aufmerksam und deine Augen offen sein, dass du auf das Gebet deines Knechtes hörst, ... mit dem ich die Sünden der Söhne Israel bekenne, die wir gegen dich begangen haben! Auch ich und meines Vaters Haus, wir haben gesündigt. Sehr böse haben wir gegen dich gehandelt", klagt Nehemia (Neh. 1,6,7), indem er als Regierungsbeamter die Gebete Esras, des Priesters, bestätigt.

Partner Gottes

Durch das Lesen der Schrift sowie die Interpretation der Zeiten kannten Daniel, Esra und Nehemia Gottes Pläne für ihre Zeit. Sie verstanden auch, dass sie mit dem Herrn zusammenarbeiten konnten, wenn sie die Erfüllung erleben wollten. Daniels Partnerschaft lag hauptsächlich im Fasten und im Gebet (vgl. Dan. 9,2,3). Esra und Nehemia, die ins Land zurückkehrten, leiteten das Volk zur Buße und bauten die Stadtmauer wieder auf.

Wir haben teilweise die Erfüllung von Gottes Willen für Israel erlebt, nämlich, dass es zum Glauben kommt und weltweite Erweckung stattfindet. Unsere Rolle ist es, uns der Fürbitte zu verschreiben, indem wir die Sünden unserer Väter und Obrigkeiten bekennen, bis wir die Vollendung des Werkes erleben.

Unsere Position heute ist exakt dieselbe wie die Daniels zur damaligen Zeit. Wir haben teilweise die Erfüllung von Gottes

Willen für Israel erlebt, nämlich, dass es zum Glauben kommt und weltweite Erweckung stattfindet. Unsere Rolle ist, wie bei Daniel, uns der Fürbitte zu verschreiben, indem wir die Sünden unserer Väter und Obrigkeiten bekennen, bis wir die Vollendung des Werkes erleben.

Gott sucht nach Menschen, die mit Ihm in Sein Werk eintreten. „Ich suchte einen Mann unter ihnen, der ... vor mir für das Land in den Riss treten könnte" sprach Er zu Hesekiel (22,30). „Wenn ihr etwas auf der Erde bindet, wird es im Himmel gebunden sein", sagte Jesus Seinen Jüngern ganz offensichtlich nicht, um ihre eigensüchtigen Wünsche zu unterstützen, sondern um Seine Pläne auf der Erde freizusetzen. „Wenn zwei von euch auf der Erde übereinkommen, irgendeine Sache zu erbitten, so wird sie ihnen werden" (Mt. 18,18,19).

In der Vision des Johannes von den Himmeln konnte das Werk Gottes erst auf der Erde freigesetzt werden, als die Schalen voller Räucherwerk, welche die Gebete der Heiligen enthielten, voll waren (Offb. 5,8, 8,3-5). Paulus versichert uns, dass die Verheißungen Gottes alle erfüllt werden. Und doch muss das „Amen" von uns gesprochen werden (vgl. 2. Kor. 1,20).

Seltsam. Da hat Gott Pläne, die erst dann geschehen werden, wenn wir darum beten, Seinen Willen zu verstehen und dann dafür, dass sie geschehen. Aus diesem Verständnis heraus rief Jesaja: „Gönnt euch keine Ruhe und lasst ihm keine Ruhe, bis er Jerusalem wieder aufrichtet und bis er es zum Lobpreis macht auf Erden!" (62,6,7)

Daniel las in Jeremia und wollte nicht eher Ruhe geben bis er die Erfüllung dessen erlebte, was er dort las. Esra und Nehemia verstanden die Absichten Gottes für ihre Zeit und konnten erst ruhen, als alles ausgeführt war.

Ich bin ein Daniel! Ich bin ein Esra! Ich bin ein Nehemia!

Ich bin Don! Ich habe die Sünden meines Volkes gesehen! Ich muss sie bekennen und ich muss sie von uns weisen. Es ist meine Rolle, Fürbitte zu tun, in den Riss zu treten und für uns alle um Erbarmen zu flehen. Ich erkenne einige der Absichten des Herrn für unsere Zeit und werde nicht schweigen, bis sie geschehen.

Ich habe Jeremia gelesen. Ich habe auf Jesaja gehört. Worte Hoseas, Sacharjas und Hesekiels pulsieren in mir. Ich kann nicht ruhen, werde nicht ruhen, und will nicht ruhen bis ich mit meinen eigenen Augen sehe, was der Herr verheißen hat!

Das ist der Grund, warum ich und andere, Juden wie Nichtjuden gemeinsam nach Spanien gereist sind, um gerade in dem Saal zu beten, wo Ferdinand und Isabella den Erlass unterzeichneten, die Juden aus Spanien zu vertreiben und ihr Eigentum zu beschlagnahmen. Wir wollten die Sünden unseres Volkes bekennen und den Herrn bitten, unsere Sünden mit Seinem Blut zu bedecken. Wir wollten beten, dass der Herr die Beziehung zueinander wiederherstellen würde.

Das ist der Grund, warum wir zusammen in Staub und Beschämung dort saßen, nachdem wir die Ketten an der Mauer der Kathedrale San Juan de los Reyes in Toledo, Spanien, gesehen hatten.

Das ist der Grund, warum wir Nichtjuden eine Empfangsreihe für unsere jüdischen Geschwister bildeten, als wir die Ruinen von Nizäa besuchten. Diese Geschwister waren nicht zu den ersten Konzilen geladen worden und trauerten um ihren Verlust und Ausschluss.

Das ist der Grund, warum manche von uns Nichtjuden die jährlichen Kongresse der Messianic Jewish Alliance of America und der Union of Messianic Jewish Congregations besuchten und uns vor der gesamten Versammlung niederknieten, um unsere Sünden und die Sünden vergangener Generationen zu bekennen. Wir lieben unsere jüdische Familie und wir wollen mit ihnen sein!

Hab Erbarmen mit uns, Herr! Verändere unsere Herzen! Ach Herr, höre! Ach Herr, vergib! Ach Herr, höre und handle! Um deinetwillen, mein Gott, zögere nicht!

Herr, lass Männer wie Daniel, Esra und Nehemia in unseren Tagen aufstehen, die sehen werden, was Du vor hast und wer vor Dir bleiben wird, bis der Auftrag erfüllt ist. Erwecke Dir Frauen wie Rut und Rahab, die Deine Gegenwart erfahren werden, die einen Bund mit Dir und Deinem Volk schließen werden, um Dein Werk hinauszuführen.

Der Psalmist sagt: „Wenn ich dich vergesse, Jerusalem, so werde vergessen meine Rechte! Es klebe meine Zunge an meinem Gaumen, wenn ich deiner nicht gedenke, wenn ich Jerusalem nicht zu meiner höchsten Freude erhebe“ (Ps. 137,5,6)!

Kapitel 13

Der letzte Exodus

Sie haben ihn überwunden wegen des Blutes des Lammes und wegen des Wortes ihres Zeugnisses, und sie haben ihr Leben nicht geliebt bis zum Tod!

Offenbarung 12,11

Fast 400 Jahre lang war Israel in Goschen verschmachtet. Die Zusage ihres Vaters Jakob, dass sie aus diesem fremden Land erlöst würden, war ein vager Traum. Eines Tages aber geriet alles in Bewegung. Es wurde gemunkelt, dass die Befreiung bevorstand – Berichte von Wundern machten die Runde. Diese Berichte waren oft verwirrend, da auch die Magier des Pharao „Zeichen“ hervorbrachten. Dann gab es andere rätselhafte Ereignisse, eine Reihe von Plagen, die nicht einmal von den Zauberern bei Hofe imitiert werden konnten. Die treuen Anbeter Gottes in Goschen wurden auf wundersame Weise vor den Plagen bewahrt, bekamen aber den Zorn der Aufseher Ägyptens zu spüren.

Die letzte Plage kam in der Passahnacht. Das Blut eines geschlachteten Lammes, mit dem die Türpfosten bestrichen wurden, war das Zeichen des Gehorsams, das gefordert wurde, um Israels erstgeborene Söhne zu schützen. Der Tod regierte in jener Nacht in Ägypten, vom Haus des Pharao bis zu den Tieren des Feldes. Wehklagen erhob sich im ganzen Land. In Goschen hatten sich die Israeliten still hinter blutbeschmierten Türen versammelt. Nicht einmal Hundegebell durchschnitt die Ruhe (vgl. 2. Mo. 11,7).

Der langersehnte Augenblick war gekommen. Um Mitternacht erschallte der Ruf. Israel wurde aus seiner Jahrhunderte alten Sklaverei entlassen. Gott rief sie nach Hause.

Ein letztes Hindernis lag noch vor ihnen: die Überwindung des Roten Meeres. Nach Überprüfung der erkennbaren Umstände schien eine Niederlage so gut wie sicher. Umzingelt von den nahenden Kampfwagen des Pharao, die rasch die Verfolgung aufgenommen hatten, und den tiefen Wassern vor ihnen gab es keinen Ausweg. Aber der Herr kämpfte in jener Nacht für Israel. Die Wasser des Meeres teilten sich und eine Feuersäule beleuchtete den Fluchtweg für die 2 Millionen Israeliten, die Ägypten verließen.

Heute sind wir vorbereitet auf einen weiteren großen Auszug. Es ist nicht 400, sondern 2000 Jahre her, seit Jeschua zu Seinen Jüngern gesagt hatte: „So komme ich wieder und werde euch zu mir nehmen“ (Joh. 14,3).

Zwei Jahrtausende ist die Familie des Messias beim Warten auf Seine Wiederkunft in einem fremden Land verschmachtet. Heute wird gemunkelt, dass ein weiterer Auszug bevorsteht. Zeichen, die Er voraussagte, Ereignisse, die vor Seiner Wiederkunft stattfinden würden, stehen vor uns.

Drei bedeutende, vorhergesagte Zeichen deuten darauf hin, dass der Tag nahe ist. Israels zweiter Exodus aus den Nationen in sein angestammtes Land ist im Gange. Jüdische Menschen erkennen ihren Messias. Die Welt erlebt die größte je da gewesene Glaubenserweckung an den einen wahren Gott und Seinen verheißenen Messias. Der Tag, an dem der Himmel aufgetan wird, damit Seine Wiederkunft begrüßt werden kann, rückt rasch näher. Lukas und Sacharja sind sich einig, dass Er auf dem Ölberg wiederkommen wird (vgl. Sach. 14,4; Apg. 1,11). Johannes und Jesaja beschreiben ein irdisches Friedensreich (vgl. Jes. 65,18-25; Offb. 20,1-6). Bei Seiner ersten Ankunft war Jesus der Leidende Gottesknecht. Diesmal wird Er als der erobernde König kommen.

Moderne Plagen

Auch wenn die Vorfreude auf unseren Exodus und die Wiederkunft des Herrn wächst, so liegen doch noch schwere Tage vor uns. Jesus sprach nicht nur von unruhigen Zeiten rund um die

Zerstörung Jerusalems, sondern auch von globalen Geburtswehen vor Seiner Wiederkunft.

Wir können einen sprunghaften Anstieg wunderwirkender Messiasse und Propheten erwarten (vgl. Mk. 13,22). Kriege und Rivalitäten zwischen Nationen (*ethnos*, „ethnischen Gruppen") werden zunehmen (vgl. Mt. 24,6,7). Hungersnöte und Erdbeben werden stark zunehmen. Die Bosheit wird parallel zu einer weltweiten Erweckung und einem Abfall vom Glauben sprießen (V.12-14). „Denn dann wird große Bedrängnis sein, wie sie von Anfang der Welt bis jetzt nicht gewesen ist und auch nie sein wird" (V.21), und sie wird über eine Kirche kommen, die darauf wartet, erlöst zu werden. Wenn es möglich wäre (was, Gott sei dank, für diejenigen, die auf Ihn schauen nicht möglich sein wird) würde sogar das Volk Gottes verführt werden (V.24).

Paulus spricht von dem Anti-Messias, dem Endzeit-Pharao, der Personifizierung des Bösen – Satans eigenem persönlichen Repräsentanten – der die Welt vor dem Exodus zu einer letzten Schlacht gegen Gottes Volk vereinen wird (vgl. 2. Thes. 2,8-12). Daniel sah, dass die Heiligen „in seine Hand gegeben werden für eine Zeit" (vgl. Dan. 7,25) und dass nur diejenigen, die Gott treu sind, ihm widerstehen können (vgl. Dan. 11,32). Sacharja spricht von einer Zeit, wenn die ganze Welt mit der Kraft des Pharao gegen Israel kommen wird (und gegen diejenigen, die sich mit ihm verbündet haben); in jenem Moment wird der Herr Israels Sicherheit gewährleisten (vgl. Sach. 12,3; 14,2,3)

„Jetzt aber mal langsam", sagen Sie vielleicht. „Ich dachte wir würden lange davor geholt! Soll die Kirche nicht entrückt werden, bevor diese letzte große Trübsal kommt?"

Einige glauben, dass es so sein wird. Andere weisen auf bestimmte Schriftstellen hin, die andeuten, dass wir die kommenden „Plagen" erdulden müssen, bevor wir entrückt werden.

Ein interessantes griechisches Wort, *thlipsis*, das in den Bibelübersetzungen häufig mit „Trübsal" widergegeben wird, verleiht diesem Verständnis Gewicht. Das Wort kann auch mit „Qual, Bedrängnis, Leiden, Verfolgung, Plage, Last, Kummer, Bedrückung" oder sogar mit „Druck und Stress" übersetzt werden. Fünfzig Mal wird dieses Wort in den apostolischen Schriften verwendet, häufig um die Gläubigen zu warnen, dass schwierige Zeiten nicht an ihnen vorüber gehen würden.

„Passt auf, dass ihr nicht abfallt wegen Bedrängnis (*thlipsis*) oder Verfolgung", warnte Jesus (Mt. 13,21, Paraphrase des Autors). Sondern „in der Welt habt ihr Bedrängnis (*thlipsis*); aber seid guten Mutes, ich habe die Welt überwunden" (Joh. 16,33).

Paulus griff das Thema von den zu erduldenden Betrübnissen (*thlipsis*) auf, um ins Reich Gottes zu kommen (vgl. Apg. 14,22) und ermutigte die Gläubigen „geduldig in Trübsal" (*thlipsis*) zu sein (Röm. 12,12, Luther). Ob Sie es glauben oder nicht, wir sollen „uns auch in den Bedrängnissen" (*thlipsis*) rühmen (5,3).

Als Jesus von der Endzeit sprach, sagte Er den Aposteln, dass das Zeichen des Menschensohnes erscheinen, der Schall der Schofar (Trompete) ertönen und der Herr Seine Auserwählten „gleich nach der Bedrängnis jener Tage" sammeln würde (Mt. 24,29). Johannes sah in seiner Vision eine große Menschenmenge aus allen Nationen, Stämmen, Völkern und Sprachen vor dem Thron stehen. „Diese sind es, *die aus der großen Bedrängnis (thlipsis) kommen*", erklärte einer der Ältesten dem Johannes (Offb. 7,14, Hervorhebung d. Autors). Man muss in großer Bedrängnis gewesen sein, um aus ihr heraus kommen zu können.

Ich könnte mich irren, aber ich möchte lieber auf das Schlimmste vorbereitet sein und dann entrückt werden, als unvorbereitet getroffen zu werden. Ich bin zu der Einstellung gelangt, dass ich, wenn der Herr mir genügend Kraft gibt, gerne hier sein möchte, um in jenen gefährlichen Zeiten zu dienen.

Sind Sie bereit zu leiden?

Wir im Westen haben in den letzten Jahren nur wenige ernsthafte Verfolgungen um unseres Glaubens willen erlebt. Das ist in weiten Teilen der Welt anders. Täglich wird von Grausamkeiten und Martyrium berichtet. In Indien wurden ein betagter Missionar und seine zwei Söhne in ihrem Auto in eine Falle gelockt und von hinduistischen Extremisten aus Protest gegen die Verkündigung des Evangeliums von Jesus verbrannt.

Die christliche Bevölkerung des Sudan ist von Rebellengruppen, die sich die Vernichtung des christlichen Glaubens zum Ziel gesetzt haben, beinahe ausgelöscht worden.[1] Uganda erholt sich immer noch von den Todesopfern, welche die Schreckensherrschaft Idi Amins forderte.[2] Ein Bruder im Nordirak wurde von Familienmitgliedern umgebracht, um die Ehre der Familie zu „schützen". Gleichzeitig kommen Zehntausende neue Gläubige durch die Treue derer hinzu, die ihr Leben aufs Spiel setzten, um die Gute Nachricht von unserem Erlöser zu verbreiten.

Jetzt, wo die Zeit der Wiederkunft des Messias näher rückt, wird der Kampf eskalieren. Das Böse und die Gerechtigkeit reifen gemeinsam bis zur Ernte, gerade so, wie Jesus Seinen Zuhörern gesagt hatte, als Er eines Seiner Gleichnisse erklärte (vgl. Mt. 13,30). Johannes sieht jene Ernte in einer Vision: Engel werden ausgesandt, um die Gerechten zu ihrem Lohn zu sammeln; die Übeltäter werden in die Weinpresse des Zornes Gottes geworfen (vgl. Offb. 14,14-20).

Gläubige gehen vielleicht durch große Bedrängnisse, aber sie werden niemals Gottes Zorn erfahren. Wir sind „nicht zum Zorn bestimmt", sondern von ihm erlöst durch das Blut des Messias, das durch Glauben an die Türpfosten unserer Herzen gestrichen wurde (vgl. Röm. 5,9; 1. Thes. 5,9).

In Zeiten großer Verfolgung sterben viele für ihren Glauben. Bei anderen hält der Herr die Hände der Folterer und Henker zurück.

Während sie betete, spürte eine Schwester, die in China inhaftiert war, wie die Handschellen von ihren Handgelenken abfielen – etwa wie bei dem Gefängniserlebnis des Petrus. Zwei Männer auf Fahrrädern entkamen der Geheimpolizei, die sie in einem Streifenwagen verfolgten – sie konnten die Radfahrer zwar sehen, aber nicht einholen – eine Erinnerung an die vergebliche Verfolgung Israels durch den Pharao am Meer.[3] Unter kommunistischer Herrschaft wurde ein Bruder in Äthiopien erbarmungslos zusammengeschlagen, weil er das Evangelium gepredigt hatte. Am nächsten Tag ging er völlig geheilt nach Hause – wie Paulus in einem viel früheren Jahrhundert. Zweimal wurde derselbe Bruder zum Tode durch den elektrischen Stuhl verurteilt. Beide Male bewahrte ein mysteriöser Stromausfall sein Leben. Die frustrierten Henker ließen ihn schließlich frei.[4]

Sichtbare Kampfengel und andere Himmelsboten sind in Tagen großer Bedrückung nicht unüblich. Gott wacht sorgfältig über Seine Herde, um einige *aus* Verfolgung zu retten, während anderen Kraft *in* Verfolgung gegeben wird.

Die Anschläge gegen Gläubige geschehen durch menschliche Hände, aber die Pläne haben alle ihren Ursprung in der Hölle. Der Heilige Geist will, dass wir lernen zu vertrauen, dass der Herr für uns sorgt, so wie er über Israel in Goschen gewacht hat, über Daniel in der Löwengrube, über die frühen Apostel in den Jahren ihrer Gefangenschaft, ihres Exils oder sogar ihres Todes. Er will, dass wir die Festigkeit von Daniels Freunden haben, die, bevor sie in den Feuerofen geworfen wurden, noch bekannten: „Ob unser Gott, dem wir dienen, uns erretten kann ... oder ob nicht: es sei dir kund, o König, dass wir deinen Göttern nicht dienen“ (Dan. 3,17,18).

Irgendwann in der Zukunft wird sich die ganze Welt gegen Israel stellen. Dann wird unsere irdische Nationalität nicht länger von Bedeutung sein. Das einzige, was zählen wird, ist, dass wir wiedergeborene Mitbürger des Reiches Gottes mit Israel sind.

Ja, irgendwann in der Zukunft wird sich die ganze Welt gegen Israel stellen. Alle Nationen werden sich gegen Jerusalem versammeln und sich vor einem gottlosen Herrscher verbeugen. Wenn dieser Tag kommt, müssen wir Gläubige bereit sein, uns an die Seite von Gottes Bundesvolk zu stellen. Zu diesem Zeitpunkt wird unsere irdische Nationalität – seien wir Amerikaner, Asiaten, Afrikaner, aus dem Nahen Osten oder anderswo her – nicht länger von Bedeutung sein. Das einzige, was zählen wird, ist, dass wir wiedergeborene Mitbürger des Reiches Gottes mit Israel sind.

Während jener abschließenden Tage unseres Aufenthaltes in „Ägypten“ konzentrieren wir uns auf das eine. Wir müssen andere retten; wir müssen unter dem Blut des Lammes an den Türpfosten im Haus bleiben; und wir müssen bereit sein, innerhalb eines Augenblicks aufzubrechen. Wir müssen sicher gehen, dass unsere geistlichen Mäntel gegürtet sind, die Sandalen an unseren Füßen, der Stab in unserer Hand, und dass wir zum Aufbruch bereit sind (vgl. 2. Mo. 12,11). Wenn der Ruf kommt, wird der Exodus abrupt sein. „Ich werde es zu seiner Zeit schnell ausführen", zitiert Jesaja den Herrn (Jes. 60,22). „In einem Nu, in einem Augenblick", kommentiert Paulus (1. Kor. 15,52).

Jahrhunderte der Vorfreude werden einem einzigen „plötzlich" weichen (Mal. 3,1). Die Wolken werden sich teilen, die Erde wird erzittern und die Engelchöre und die Erlösten von Adams Kindern werden den wiederkehrenden Messias begrüßen. Seine Friedensherrschaft wird tausend Jahre dauern, so Johannes, bevor der Krieg, der alle Kriege beenden wird und die letzte Niederlage des Erzfeindes der Menschheit kommen wird (vgl. Offb. 20,7-11).

Erst dann wird der Garten Eden wiederhergestellt und Himmel und Erde vereint werden, wenn Gott und Mensch – der Erlöser und die Erlösten – in ewiger Freude zusammen sein werden.

Anmerkungen

1. Dieser Bericht stammt von dem persönlichen Zeugnis eines Sudanesen, der jetzt in unserer Stadt lebt.
2. Ich war selbst in Uganda, wo ich Seminare für junge Prediger hielt, die von diesen Feindseligkeiten berichteten und mit Menschen in Dorfgemeinschaften zusammen lebten, denen jene Geschehnisse in Uganda während der Herrschaft Idi Amins vertraut waren.
3. Diese Vorfälle wurden von einem chinesischen Bruder aufgezeichnet, der 6 Monate lang mit dem Fahrrad durch China reiste, um Berichte von der chinesischen Erweckung festzuhalten. (Danyon, *Lilies Among Thorns* [Kent, England: Sovereign World, Ltd; distributed in U.S. by Gospel Light, 1991]).
4. Tadesa (ein äthiopischer Bruder) in einem Interview mit dem Autoren (April 1999).

Kapitel 14

Gesegnet zum Segnen

Ich will segnen, die dich segnen, und wer dir flucht, den werde ich verfluchen.

1. Mose 12,3

Als wir im April 1999 Äthiopien besuchten, lernten wir einen Mann kennen, der im königlichen Haushalt Haile Selassies I, des letzten Kaisers Äthiopiens, gedient hatte. Haile Selassie, der als 25. Nachkomme Meneliks, des gemeinsamen Sohnes von König Salomo und der Königin von Saba, galt, regierte Äthiopien von 1930 bis 1974. Folgendes haben wir erfahren.

In den frühen 70er Jahren brach Selassie unter dem Druck einiger umliegender arabischen Nationen die diplomatischen Beziehungen zu Israel ab. Als seine Tochter die Nachricht hörte, ging sie zu ihrem Vater, um ihn vor den Konsequenzen seines Handelns zu warnen. Indem sie sich auf den Segen auf dem Haus Abrahams in 1. Mose 12,3 bezog, flehte sie ihn an: „Mein Vater, mein König, du wirst Unglück über unsere Familie und über unser Volk bringen!"

Nur wenige Monate später, am 12. September 1974, riss Lt. Colonel Mengistu Haile Miriam, einer der grausamsten Diktatoren Afrikas, die Macht in Äthiopien an sich. Kurz darauf war Haile Selassie tot, ermordet von dem Mann, der seinen Niedergang geplant hatte. Diesem Ereignis folgten fast zwei Jahrzehnte des Blutvergießens.

Haile Selassies Tochter hatte Recht. Wer Israel antastet, tastet „[Gottes] Augapfel" an (Sach. 2,12).

Ägypten entdeckte diese Wahrheit sehr früh in Israels Geschichte. Assyrien und Babylon versanken, nachdem sie von

Gott gebraucht wurden, um Israel für seinen Ungehorsam zu strafen, dennoch als Weltmächte kurz nach den Jahren ihrer grausamen Tyrannei wieder in die Bedeutungslosigkeit. Spaniens Marine beherrschte die Meere – bis dieses Land seine jüdische Bevölkerung vertrieb oder tötete. Es gab eine Zeit, da ging die Sonne niemals über dem Britischen Weltreich unter; das war bevor Großbritannien die Balfour-Deklaration ignorierte. Deutschland wurde nach dem Holocaust zweigeteilt, und die Zeit hat noch nicht das letzte Kapitel seiner Geschichte geschrieben. Die kommunistischen Regierungen Osteuropas zerfielen nach Jahren der Pogrome und Verfolgungen des Lieblingssohnes Gottes.

Die Vereinigten Staaten haben in den Jahren, als Millionen jüdischer Menschen Zuflucht an unseren Küsten fanden, enormen Segen und Wohlstand erlebt. Das wird nicht so bleiben, wenn es Gottes wiedererrichteter Regierung im Land den Rücken kehrt.

Einige prophetische Stimmen sagen, dass unser Präsident bereits Gericht über unsere Nation gebracht hat, als er auf genau der Sache bestand, gegen die der Prophet Joel gewarnt hatte, nämlich Israels Land aufzuteilen (vgl. Joel 4,2,3).

Sacharja spricht von einer Zeit, in der alle Nationen der Welt Krieg gegen dieses eine kleine Land führen werden (vgl. Sach. 14,2). Vor nicht allzu langer Zeit gab der Sicherheitsrat der Vereinten Nationen uns schon einen Vorgeschmack auf diesen berüchtigten Aufmarsch der Nationen. Das Ergebnis der Abstimmung, die stattfand, um Israels Bau von „Siedlungen" im biblischen Judäa und Samarien, dem Kernstück des *Verheißenen* Landes, zu missbilligen, lautete: 17 Stimmen dafür und 3 dagegen. Nur die Vereinigten Staaten und Mikronesien stimmten mit Israel. Gefährliche Politik.[1]

Wie wir das jüdische Volk lieben können

„Was hat das alles mit mir zu tun?" fragen Sie sich vielleicht. „Ich war kein Kreuzfahrer, der jüdische Synagogen in Brand gesteckt hat. Keiner meiner Verwandten war, soweit ich weiß, Nazi und hat Juden in die Gaskammern geschickt. Ich habe nichts gegen Juden."

Auch wenn wir vielleicht nicht persönlich verantwortlich für die Verunglimpfungen sind, die unsere jüdischen Geschwister über die Jahre erleiden mussten, gibt es Schritte, die wir unternehmen können, um die Untaten umzukehren und das jüdische Volk aktiv zu segnen.

Bitten Sie den Herrn, unsere Herzen von allen Spuren des Antisemitismus zu reinigen.

Dies umfasst ethnische Witze, Klatsch und Anspielungen. Eine „witzige" Geschichte oder zynische Bemerkung wird nur mehr Diskriminierungen gegen diese verfolgte Familie herausfordern.

Der Hass gegen die Juden liegt vielleicht tief in unseren Seelen begraben, inmitten des Schutts von Vorurteilen längst vergangener Generationen. Wir sind uns ihres Vorhandenseins vielleicht gar nicht bewusst, bis wir uns selbst beim Mitlachen ertappen.

Wenn Gott mit Israel nicht am Ende ist, wenn Israel dazu bestimmt ist, seinen Messias anzunehmen und die zukünftige Herrschaft Jesu einzuläuten, wenn die Kirche Miterbin Israels ist und nicht Erbin an Israels statt – wie ich in diesem Buch unterstrichen habe – und wir bisher das Gegenteil geglaubt haben, dann müssen wir Buße dafür tun, dass wir uns die jüdischen Schriften und Israels Verheißungen zu eigen gemacht haben, ohne das Volk zu ehren, dem sie von alters her galten, und ohne sie als zur Braut des Messias zugehörig zu betrachten.

Lassen Sie den Wind des Heiligen Geistes Ihr Herz reinigen. Gehen Sie in der Zeitgeschichte zurück und hören Sie auf Gottes Herz für diese priesterliche Nation. Trachten Sie danach zu verstehen, warum der Hass der Welt gegen dieses Volk gerichtet war und geben Sie Gottes Liebe Raum, sich zu entfalten, um es zu segnen.

Wenn unsere eigenen Herzen gereinigt sind, können wir zu Fürbittern werden – jene, die in den Riss treten, die Sünden anderer in einem Bekenntnisgebet und in stellvertretender Buße auf sich nehmen. Wie Daniel schreien wir: „HERR! Bei uns ist die Beschämung des Angesichts, bei unseren Königen, unseren

Obersten und unseren Vätern, weil wir gegen dich gesündigt haben“ (Dan. 9,8).

Machen Sie sich bewusst, dass die Nachrichtenmedien der Welt Vorurteile gegen Gottes Werk und Sein Volk haben.
Nur jene, die Gott nachfolgen, können Geschichte, Politik und Regierungen adäquat einschätzen. Alles in der Menschheitsgeschichte, jedes aktuelle Ereignis, bewegt sich nach Seinem Zeitablauf vorwärts. Wir werden deshalb die Nachrichten mit größerer Aufmerksamkeit prüfen und uns immer Fragen stellen wie: „Was ist die wahre Geschichte hinter dieser Meldung? Was tut der Herr gerade? Wie soll ich dafür beten? Erwartet Er von mir, dass ich handle?“

Finden Sie Wege, um das jüdische Volk zu ermutigen, es zu lieben und zu segnen – ganz gleich, ob es Jesus als Messias annimmt, oder nicht.
Jesus sprach von zwei Geboten, an denen das ganze Gesetz und die Propheten hängen, nämlich Gott und seinen Nächsten zu lieben (vgl. Mt. 22,34-40). Liebe ist aktiv, nicht passiv. Wir üben keine Liebe an denen, die wir ignorieren, wie Jesus uns so überzeugend im Gleichnis vom Barmherzigen Samariter vor Augen geführt hat.

Nur weil wir nicht an den Kreuzzügen oder Pogromen der Vergangenheit teilgenommen haben, entschuldigt das nicht unser passives Desinteresse an dem Wiederaufflammen des Antisemitismus auf der ganzen Welt. Wenn wir nicht aktiv rechtschaffen sind, werden wir passiv schuldig.

Sollte es in Zukunft nie mehr eine jüdische Person geben, die an Jesus als Messias glaubt, so sollten wir dennoch als Freunde, Geschwister, Beschützer zu ihnen stehen.

Einer meiner Freunde war letztes Jahr in Sacramento, als drei der fünf genutzten Synagogen der Stadt in einer einzigen Nacht durch feige Übergriffe geschändet wurden. Der von dämonisierten Brandstiftern verursachte Gesamtschaden belief sich auf einige Millionen Dollar. Mein Freund schlug vor, dass Christen sich zusammenschließen, um die beschädigten Synagogen zu restaurieren. „Ach übrigens sollten wir die Traktate und das Evangelisieren für eine andere Gelegenheit aufsparen", sagte er. „Jetzt ist die Zeit, sie durch unsere Taten zu segnen."

Paulus sprach davon, dass wir auf eine Art und Weise leben sollten, die sein Volk eifersüchtig macht (vgl. Röm. 11,11). Das wird nicht passieren, wenn sich unser Tun auf das Verteilen von Traktaten und aufs Diskutieren beschränkt.

Unser Engagement für das jüdische Volk darf nie an seine Annahme Jeschuas als Messias geknüpft sein. Wir haben uns schon einmal für diesen Weg entschieden und er hat keine Frucht hervorgebracht. Sollte es in Zukunft nie mehr eine jüdische Person geben, die an Jesus als Messias glaubt, so sollten wir dennoch als Freunde, Geschwister, Beschützer zu ihnen stehen. Jedes andere Verhalten ist mit einem liebenden Herzen unvereinbar.

Bereiten Sie sich auf zukünftige Krisen vor.
Am Weihnachtsmorgen 1999 wurde eine Gruppe bekannter Israelis im nationalen israelischen Fernsehen über ihre Ansichten zu Jeschua interviewt. Professor Ravitsky, ein bekannter orthodoxer Gelehrter, sagte, dass er erkannt habe, dass Jeschua, hätte Er während des 2. Weltkrieges in Deutschland gelebt, ebenfalls in den Gaskammern umgekommen wäre.[2]

Hätten Sie Ihr Leben riskiert, um Seines zu retten? Hätte ich es getan? Was werde ich nächstes Mal tun? Solche Fragen müssen wir Christen uns stellen, wenn wir uns auf die Zukunft vorbereiten wollen.

Einige meiner Freunde bauen sogar Unterschlupfe – geheime Verstecke – um jüdische Menschen in der kommenden Verfolgung zu verbergen. Christen in Finnland und dem restlichen Skandinavien haben Nahrungsmittel und Kleidung gelagert, Transportfahrzeuge gekauft und andere Vorbereitungen für den nächsten großen Auszug der Kinder Israels getroffen, die aus Russland und den Ostblockländern kommen werden. Sie wollen die Oskar Schindler und Corrie ten Booms sein, die „Gerechten aus den Nationen" unserer Generation, wie das jüdische Volk sie nennt.

Ermutigen Sie jüdische Menschen und helfen Sie ihnen, in das Land, das ihr angestammtes Erbe ist, zurückzukehren. Wenn die Worte Hesekiels, dass Gott „keinen mehr von ihnen dort zurücklassen" will (Hes. 39,28) wörtlich gemeint sind – und erinnern Sie sich daran, dass dies unsere Annahme ist, wenn die Schrift nicht deutlich sagt, dass sie anders verstanden werden will – dann müssen auch wir alles tun, um sie bei der Alija nach Israel zu unterstützen.

1973 gab Steve Lightle seine Firma auf und begann, durch Europa und Russland zu reisen, um prophetisch von der bevorstehenden Freisetzung der russischen jüdischen Bevölkerung zu sprechen. 1983 schrieb er *Exodus II*, um zu einer anhaltenden Wachsamkeit aufzufordern.[3] Tom Hess baute das „Jerusalem House of Prayer for All Nations" auf, und veröffentlichte dann sein Buch *Let My People Go*, in dem er eine Partnerschaft mit Gott bei der prophetischen Erfüllung all dessen, was zu geschehen begann, beschrieb.[4]

> Hess schreibt:
>
> Viele jüdische Menschen haben geglaubt, dass Israels Sicherheit in der aus Amerika kommenden militärischen und finanziellen Unterstützung liegt. Das jüdische Volk muss gewarnt werden, dass auch wenn Amerikas Unterstützung in der Vergangenheit in vielerlei Hinsicht ein Segen war, die zukünftige Unterstützung Israels in verstärktem Maße von Gott selbst kommen wird und, hoffentlich, von seinen loyalen christlichen zionistischen Freunden rund um die Welt.[5]
>
> Es ist an der Zeit für das jüdische Volk in Amerika, den russischen Juden ein Beispiel zu geben. Es ist an der Zeit, sich vom Götzen des Materialismus in Amerika abzuwenden und allen Besitz, den sie in Amerika angehäuft haben, nach Israel zurück zu bringen, genau wie es beim Auszug aus Ägypten und der Rückkehr aus Babylon vor vielen

Jahrhunderten geschah! ... Es ist an der Zeit, dass die Juden vor der Tochter Babylons fliehen, bevor es zu spät ist.[6]

Geliebtes jüdisches Volk, entscheide dich bald für die Alija. Warte nicht, bis du gezwungen bist zu gehen. Gewinne den Kampf und fliehe heute nach Israel. Komm singend und tanzend mit Freude und Jubel nach Zion, und bereite den Weg für das baldige Kommen deines Messias und Königs![7]

Gustav Scheller widmete die letzten Jahre seines Lebens dem Ebenezer Emergency Fund, durch den Zehntausenden jüdischen Menschen aus Osteuropa bei der Immigration nach Israel geholfen wurde. Diese Geschichte wird in *Operation Exodus* erzählt. David und Emma Rudolph haben Gateways Beyond aufgebaut, um nicht nur Osteuropäern zu helfen, sondern auch äthiopischen Juden, von denen viele zwischen zwei Welten sitzen. Die Äthiopier diskriminieren sie, weil sie Juden sind und Israel akzeptiert viele von ihnen nicht, weil sie nicht die entsprechenden Papiere besitzen, um ihre Identität nachzuweisen.[8]

Segnen Sie das jüdische Volk finanziell.

Wir haben bereits gesehen, wie Paulus, der jüdische Apostel der Heiden, die jüdisch/nichtjüdische Thematik in den Römerbrief eingefügt hat. In den abschließenden Versen dieses Briefes macht er Folgendes deutlich: „Denn wenn die Nationen ihrer geistlichen Güter teilhaftig geworden sind, *so sind sie verpflichtet, ihnen auch in den leiblichen zu dienen*" (Röm. 15,27, Hervorhebung d. Autors).

Natürlich wissen wir, dass Jesaja vorhergesagt hatte, „die Fülle des Meeres wird sich zu dir wenden" (Jes. 60,5), und dass ihre Tore ständig offen bleiben werden, „um zu dir zu bringen den Reichtum der Nationen" (V. 11). Viele Millionen jüdischer Dollars sind seit der Ersten Zionistischen Konferenz 1897 in den Aufbau der Nation geflossen.

Eine faszinierende, gar mit einem Wunder gleichzusetzende Geschichte aus den Tagen vor dem Unabhängigkeitskrieg 1948 involviert Golda Meir, die von 1969 bis 1974 Premierministerin Israels war. Die innere Moral in Israel war auf ihren Tiefstand gesunken. Es gab kein Geld für Panzer, Artillerie oder Flugzeuge für einen Krieg, mit dem zu rechnen war, sobald Israel seine Staatswerdung im Mai jenen Jahres bekannt geben würde. Golda Meir bestand darauf, dass David Ben Gurion das Ruder in der Hand behielt, während sie, Golda, in die Vereinigten Staaten reiste, um finanzielle Mittel zu sammeln. Man machte sich keine großen Hoffnungen, dass diese robuste, direkte Zimmermannstochter erfolgreich sein würde.

Golda verließ Israel ohne Gepäck, trug nur ein leichtes Sommerkleid und hielt sich an ihrer fast leeren Handtasche fest. Sie landete in New York City mit 10 Dollar in der Tasche und arrangierte einige Termine, um ihr Anliegen vorzutragen. Als sie nur wenige Tage später nach Israel zurückkehrte, hatte die jüdische Gemeinschaft Amerikas 50 Millionen Dollar zur Verfügung gestellt, mit der die kleine israelische Armee ausgestattet werden sollte.[9]

Seit jener Zeit ist auch die nichtjüdische Gemeinschaft – und vor allem Christen, denen die Prophetien bekannt sind – Israel zur Hilfe gekommen. Nachdem Israel 1967 Jerusalem im Sechs-Tage-Krieg eingenommen hatte, weigerten sich die Vereinigten Staaten und andere Nationen, ihre Botschaften in die neue Hauptstadt zu verlegen. Die Internationale Christliche Botschaft Jerusalem (International Christian Embassy Jerusalem, ICEJ) wurde gegründet, um Israel zu versichern, dass Tausende Christen auf der ganzen Welt mit der Entscheidung ihrer Regierungen nicht einverstanden waren. Millionen Dollar an Unterstützung sind durch diese und ähnliche Organisationen nach Israel geleitet worden.

Sowie unser Verstehen zunimmt, werden wir ebenfalls Wert darauf legen, dass das „Gute", das wir wirken, vor allem „den Hausgenossen des Glaubens" zugute kommt (Gal. 6,10). Eifrige Christen, die Israel lieben, spenden manchmal große Geldsummen an jüdische Organisationen, die messianische Gläubige im Land verfolgen. Die Betonung des Paulus lag immer auf den Gläubigen, und er legte großen Wert darauf, die Armen nicht zu vergessen (vgl. Röm. 15,26; Gal. 2,10).

Weil mehr und mehr Christen die Ermahnung des Paulus verstehen, dass wir dem jüdischen Volk schuldig sind, es finanziell zu segnen, können wir erwarten, dass einzelne Christen und Gemeinden, sowie konfessionelle und freie Missionsgesellschaften den finanziellen Bedürfnissen Israels und des jüdischen Volkes, vor allem aber der messianischen Gemeinschaft, Priorität geben.

Ein etablierter messianischer Dienst erhielt vor kurzem eine Spende über mehrere Millionen Dollar, durch die ein bedeutendes historisches Gebäude in der Innenstadt von Tel Aviv erworben werden konnte, das als Gemeindezentrum genutzt werden soll. Die messianische Gemeinde nördlich von Haifa, deren Synagoge von einigen Menschen niedergebrannt wurde, denen ihre Botschaft nicht passte, konnte gerade ein neues Gemeindezentrum kaufen, das dreimal größer ist als das ausgebrannte Gebäude. Die Brandstifter wurden von Gott gebraucht, um Christen aufmerksam zu machen, dass diese Gemeinde ein größeres und sichereres Gebäude benötigte! Gerade sind noch mehr Finanzmittel in dieselbe Synagoge geflossen, nachdem Randalierer während eines Gottesdienstes Autoreifen aufgeschlitzt hatten.

Es ist von größter Wichtigkeit, dass wir weise werden, was die Verteilung finanzieller Mittel angeht. Bitten Sie den Herrn, ihre Augen zu öffnen. Beobachten Sie genau, wo Früchte entstehen, anstatt sich von der Show eines guten Motivators hinreißen zu lassen, der nach Jahren des Spendensammelns vielleicht nur wenig vorweisen kann. Wenn man die Namen Israel und Jerusalem auf einen Briefkopf setzt, erzeugt dies vielleicht Sympathien für einen Dienst, der nur wenig Verbindung mit den wirklichen Arbeitern auf dem Feld hat. Stattdessen sollten Sie den wiederhergestellten Überrest, die eigentlichen jüdischen Gläubigen im Land kennen lernen, die sich der durch ein Wunder bewirkten, endzeitlichen Wiederherstellung des messianischen Glaubens verschrieben haben, und zwar genau an jenem Ort, an dem alles begann.

Gründen Sie Gebetsgruppen, um sich am Dienst jener zu beteiligen, die an vorderster Front arbeiten.

In Nashville haben wir, wie viele Städte weltweit, ein Gebetsschild für Israel und das jüdische Volk errichtet, das in Verbindung mit einigen Schlüsseldiensten sowohl im Land als auch in der Diaspora steht. Wir heißen messianisch-jüdische Leiter in der

Stadt willkommen und werden ihre Gebetspartner. Ihre Bedürfnisse werden zu unseren Bedürfnissen; ihre Freuden werden die unseren; ihr Leid wird unser Leid. Wir haben häufig täglichen Kontakt über E-Mail und können mit ihnen effektiver zusammenarbeiten, indem wir gegenseitig unsere Lasten tragen (vgl. Gal. 6,2). Wir sind Mitarbeiter Gottes, wie Paulus den Ephesern schrieb (vgl. 2,10), und nehmen an dem Anteil, was Er wirkt.

Ich war schon mehrmals in Israel. Zum ersten Mal war ich 1967 dort, kurz vor dem Sechs-Tage-Krieg, und ich hatte keine Ahnung von Prophetie oder von Gottes Plänen für Israel. Ich wollte nur an den Orten sein, an denen Jesus gewirkt hatte.

Wenn ich heute das Land besuche, gehe ich mit dem Ziel, die Menschen im Land zu segnen. Ich ermutige jeden Reisenden, den Zehnten seines Flugtickets einem der Dienste in Israel zu spenden. Ich bitte auch jeden Besucher, zwei Koffer mitzunehmen: einen für die persönliche Kleidung und den anderen, um die Lagerhäuser für Israels Arme aufzufüllen.

Ich ermutige auch alle meine Geschwister, das Land nicht zu verlassen, ohne einige der Menschen kennen gelernt zu haben, die ihr Leben investieren, um zu erleben, dass ihr eigenes Volk den Messias Israels kennen lernt. Ich brenne darauf, dass andere Christen die Leidenschaft in Asher Intraters Augen blitzen sehen, wenn er vom Herrn spricht. Dass sie die Freude auf Eitan Shishkoffs Gesicht erleben, wenn er neue Gläubige in der Familie willkommen heißt. Dass sie die Liebe spüren, die aus David und Michaela Lazarus strömt, wenn sie ihre Arme um ehemalige russische Jugendliche legen, die gerade dem Menschensohn begegnet sind. Dass sie in Avner und Rachel Boskeys Wohnzimmer anbeten, wenn dieses gesalbte Ehepaar seine prophetischen hebräischen Lieder darbringt. Dass sie den ausdrucksstarken Reuven Doron mit seinem entwaffnenden israelischen Akzent hören, wenn er Gottes Zukunftspläne mit Seinem Volk beschreibt.

Der Herr zeigt Ihnen vielleicht andere Wege, wie sie das jüdische Volk segnen und lieben können. Jesus erklärte Nikodemus, dass der Mensch aus dem Wind/Atem des Heiligen Geistes wiedergeboren werden muss (vgl. Joh. 3,8). Wir setzen unsere Segel, um den Wind zu prüfen und spüren den Atem Gottes.

Heute bläst der Geist Israel zurück in sein Land und haucht jüdischen Herzen neues Leben ein, wenn sie sich für die Gute Nachricht von ihrem Messias öffnen, der gekommen ist und bald wiederkehren wird. Zur gleichen Zeit weht er wie ein Sturm über die Nationen und wühlt die größte Glaubenserweckung an den einen wahren Gott und seinen Erlösersohn auf, die Abrahams Kinder jemals gesehen haben.

Wenn Sie gläubig sind, dann lebt derselbe Heilige Geist in Ihrem Herzen. Hören Sie auf ihn und folgen Sie ihm, wohin Er Sie führt.

Heute geschieht etwas Neues unter vielen Christen auf der ganzen Welt. Wir sehen uns selbst in Rut, der Nichtjüdin, die zum Glauben an Israels Erlöser gekommen ist. Wir sind aus der Hungersnot gekommen. Wir haben Brot im Haus unseres Lösers Boas (Jesus) gefunden.

Wir fangen nun an, unser Haus zu durchforsten und alles Moabitische zu suchen, das entfernt werden muss, damit die Einrichtung Israels wieder ihren Platz erhält. Wir geben uns neu hin, nicht nur an Jesus, den verheißenen Sohn von Boas und Rut, sondern auch an Seine Verwandten. Wir heißen die Gebräuche der Familie, in die wir aufgenommen worden sind, wieder willkommen.

Wir haben in der Vergangenheit beobachtet, wie diese unsere Familie verfolgt und verleumdet worden ist. Wir trauern mit unseren Geschwistern über die Schmerzen, die ihnen oft durch die Hände unserer Glaubensvorfahren beigebracht wurden.

Wir sagen zu unserer jüdischen Familie: „Dein Volk ist mein Volk, und dein Gott ist mein Gott“ (Rut 1,16). Eine wachsende Zahl unter uns wird in ihrem Geist aufgerüttelt. Wir sind bereit, eine mutige Erklärung abzugeben – eine die jeden Augenblick schon geprüft werden kann. Wir sind bereit, gemeinsam mit Rut zu sagen (vgl. V. 17): Wo du stirbst, da will auch ich sterben, und dort will ich begraben werden. So soll mir der HERR tun und so hinzufügen – nur der Tod soll mich und dich scheiden.

Anmerkungen

1. Diese UN-Resolution, die erstmals 1996 formuliert und 1999 bestätigt wurde, besagt Folgendes: „Israelische Siedlungen auf palästinensischem Territorium, inklusive Jerusalem, und auf dem besetzten Golan sind illegal und ein Hindernis für Frieden und wirtschaftliche und soziale Entwicklung". Und sie „ruft Israel dazu auf, die Gültigkeit der Genfer Konvention *de jure* für die besetzten Gebiete anzuerkennen" und „verlangt die völlige Aufgabe aller illegalen israelischen Siedlungen". Sowohl 1996 als auch 1999 votierten nur Israel, die Vereinigten Staaten und Mikronesien gegen die Resolution. Diese Statistiken werden auf der Webseite der Vereinten Nationen bekannt gegeben.
2. Ein Interview bei Channel 1 in hebräischer Sprache, das am 25. Dezember 1999 innerhalb des Programms „Popolitika" ausgestrahlt wurde, in dem drei Israelis von ihren Ansichten über Jeschua sprachen. Neben Professor Ravitsky erklärte auch eine Führungskraft des israelischen Fernsehens, dass er Jesus gehasst und Ihm die Schuld für den Mord an seinen Eltern gegeben hatte, bis er die Gelegenheit hatte, das Neue Testament zu lesen. Dabei erkannte er, dass er zwischen der Geschichte des Judentums mit dem Christentum und der Person Jeschuas unterscheiden musste. Er ermutigte alle Israelis, das Neue Testament zu lesen. Der Oberbefehlshaber aller israelischen Sicherheitskräfte ist der Meinung, dass die Lehren Jeschuas den heutigen Israelis mehr zu sagen hätten als die Lehren der Rabbis.
3. Viele Geschichten zu der Vorbereitung des kommenden Exodus sind nachzulesen bei Steve Lightle, *Exodus II: Let My People Go, Section II* (Kingwood, TX: Hunter Books, 1983).
4. Tom Hess, *Let My People Go: The Struggle of the Jewish People to Return to Israel*, 5. Ausgabe (Charlotte, NC: MorningStar Publications, 1997)
5. Ebd. S. 30
6. Ebd. S. 70, 75
7. Ebd. S. 109
8. Vgl. Anhang C mit weiteren Informationen zum Ebenezer Emergency Fund und Gateways Beyond.

9. Larry Collins und Dominique Lapierre, *O Jerusalem! Day by Day and Minute by Minute: The Historic Struggle for Jerusalem and the Birth of Israel* (New York: Simon and Schuster, 1972), S. 162-166

Anhang A

Toward Jerusalem Council II

Jerusalem Council II (dt.: das 2. Konzil zu Jerusalem) ist die Vision, den Riss zwischen jüdischen und nichtjüdischen an Jeschua glaubenden Menschen, der sich bis in die ersten Jahrhunderte der Kirche zurückdatieren lässt, zu schließen und zu heilen, und dies vor allem durch Demut, Gebet und Buße zu tun.

Wer?

Gebetsrepräsentanten der nichtjüdischen christlichen Gemeinschaft und der messianisch-jüdischen Gemeinschaft. Diese Repräsentanten sollten Gründer/Leiter verschiedener Gemeinschaften sein, die ein Leben des Gebets praktizieren.

Was?

Jerusalem Council II basiert auf folgenden Bibelstellen:

Apostelgeschichte 15: Das Apostelkonzil zu Jerusalem
Apostelgeschichte 21,17-26: Die messianisch-jüdische Perspektive
Römer 11,29: Israels unbereubare Berufung
2. Korinther 5,18,19: Versöhnung
Epheser 2,11-16: *Ein* neuer Mensch

Toward Jerusalem Council II ist eine Versammlung nichtjüdischer christlicher und messianisch-jüdischer Leiter, die sich die Unterstützung folgender Ziele vorgenommen haben:

1. Das Schisma zwischen jüdischen und nichtjüdischen Geschwistern zu erkennen, das von der frühen Kirche verursacht wurde und besonders in den Erlassen des 2. Nizänischen Konzils gipfelte. Diesen Riss durch Demut, Buße, Gebet und repräsentative Fürbitte sowohl von Seiten der nichtjüdischen Christen als auch der messianischen Juden zu schließen und zu heilen. Zu diesem Prozess gehört das Gebet um ein offizielles Widerrufen und Zurücknehmen antimessianisch-jüdischer Erlasse, die erklären, dass messianisch-jüdische Gemeinschaften keine Existenzberechtigung hätten. Solche Erlasse hängen seit mindestens 16 Jahrhunderten schon unheilvoll über dem Leib des Messias.

2. Für eine Versöhnung zu beten und alle wahren Gläubigen aufzurufen, die Realität unserer Versöhnung in dem *einen* neuen Menschen zu bestätigen. Anzuerkennen, dass wahre Versöhnung nicht aus der Auflösung der eigenen Identität kommt, sondern dass sie das Wunder ist, wenn die Trennwand durch das Blut des Messias abgerissen wird, damit die beiden identifizierbaren Gruppen zu dem *einen* neuen Menschen werden können (Eph. 2).

3. Die jüdischen Wurzeln des Christentums zu verstehen. Die Bibel ist im Wesentlichen ein jüdisches Buch, das hauptsächlich von Juden geschrieben wurde. Dem jüdischen Volk wurden die Geheimnisse Gottes anvertraut, mit denen die Welt gesegnet werden soll. Jesus war jüdisch; alle Seine ersten Jünger und Apostel waren jüdisch; und die erste Gemeinde der Gläubigen war vollständig jüdisch. Juden wie Nichtjuden, die ihre Herzen Gott zukehren, wenden sich zu dem Herrn und Gott Israels, „der war und der ist und der kommt" (Offb. 4,8), „derselbe gestern und heute und in Ewigkeit" (Hebr. 13,8). Unser Glaube wurzelt im jüdischen Volk. Antisemitismus ist eine scheußliche Sünde, die von allen Christen abgelehnt werden muss.

4. Die Aufopferung und Liebe der wahren Gläubigen unter den Nichtjuden anzuerkennen, mit denen sie bemüht sind, dem jüdischen Volk die Gute Nachricht vom Messias weiterzusagen. Als messianische Juden sind wir dazu aufgefordert, Buße zu tun über sündige Haltungen und Taten, über Stolz, Arroganz, Angst und Isolation gegenüber dem Rest des Leibes des Messias. Wir müssen für die Integrität, Stabilität, Wiederherstellung und die evangelistischen Bemühungen der Kirche beten. Wir sind eben-

falls dazu aufgefordert, Entschlüsse zu widerrufen, die seit den Tagen der Apostel bestehen, die jüdische Gemeinschaft vom Glauben an Jeschua, den Messias, wegzulenken.

5. Nichtjüdische Christen als einzelne Gläubige und als Kirchen zu ermutigen, die Sünden der Kirche gegenüber messianischen Gläubigen zu erkennen und Schmerz zu empfinden, (1.) über allen Formen der „Enterbungslehre", in denen der erste Bund als aufgehoben betrachtet wird (aufgrund der jüdischen Ablehnung Jesu als Messias) und die Nichtjüdische Kirche als Ersatz für Israel sehen, was das Erbe der Verheißungen Israels angeht, und somit die Verheißung der Schrift in Römer 11,29 ignorieren, wo es heißt: „Die Gnadengaben und die Berufung Gottes sind unbereubar"; (2.) über die Ablehnung und Unterdrückung jedes jüdischen Ausdrucks des Glaubens an Jeschua, und über allen Forderungen, dass Juden, die an Jeschua glauben, ihre jüdische Identität und all ihre jüdischen Gebräuche ablegen sollten; (3.) über der Saat der Spaltung in der Kirche, die durch die Ablehnung der Gemeinschaft der messianischen Juden und die Verleugnung des „*einen* neuen Menschen" aus Epheser 2 ausgestreut wurde.

6. Die Berechtigung der messianisch-jüdischen Gemeinschaft zu verstehen und zu schätzen:

A. Dass Gott von neuem ein großes Werk unter unseren jüdischen Geschwistern zur Errettung und Erlösung Israels begonnen hat.

B. Dass Juden, die sich dem Messias zuwenden, die Freiheit haben und dazu ermutigt werden, ihre jüdische Identität in Übereinstimmung mit dem apostolischen jüdischen Lebensstil zu bewahren – inklusive der Beschneidung ihrer Söhne und dem jüdischen Lebensstil als gültigem Ausdruck des Neuen Bundes.

C. Unsere nichtjüdischen Geschwister sind dazu aufgefordert, die dogmatische und moralische Integrität, Stabilität und die evangelistische Entwicklung der messianisch-jüdischen Gemeinschaft anzuerkennen und im Gebet zu begleiten. Nichtjüdische Geschwister werden dazu aufgefordert, das Gebot der Fürbitte und der Unterstützung für die Errettung Israels anzunehmen.

7. Zu beten und die Kirche aufzufordern, eine Erklärung vergleichbar mit Apostelgeschichte 15 abzugeben, durch die Juden, die Jesus nachfolgen, in der Beibehaltung ihres jüdischen Lebens und ihrer Berufung im Kontext der biblischen Normen bestätigt werden.

Wenn Sie mehr Informationen über den Toward Jerusalem Council II erhalten möchten, wenden Sie sich bitte an eine der folgenden Adressen:

Marty Waldman
Baruch HaShem Congregation
6304 Belt Line Road
Dallas, TX 75240
USA

John Dawson
International Reconciliation Council
P. O. Box 278
Ventura, CA 93006
USA

Anhang B

Buchempfehlungen

Bennett, Ramon. *Wenn Tag und Nacht vergehen. Eine prophetische Sicht über die Ereignisse in der Welt und auf welche Weise Prophetie über Israel die Nationen, die Gemeinde und uns betrifft.* Christliche Kommunikation und Verlagsgesellschaft, Lübeck 1993

Brown, Michael L. *Our Hands are Stained with Blood: The Tragic Story of the "Church" and the Jewish People.* Shippensburg, PA: Destiny Image Publishers, 1992

Cantor, Ron. *I am Not Ashamed.* Gaithersburg, MD: Tikkun International, 1999

Chernoff, Yohanna. *Born a Jew ... Die a Jew: The Story of Martin Chernoff, a Pioneer in Messianic Judaism.* Hagerstown, MD: EBED Publications, 1996

Collins, Larry und Lapierre, Dominique. *O Jerusalem! Day by Day and Minute by Minute: The Historic Struggle for Jerusalem and the Birth of Israel.* NY: Simon and Schuster, 1972

Damkani, Jacob. *Why Me?* New Kensington, PA: Whitaker House, 1997

Dolan, David. *Israel at the Crossroads, Fifty Years and Counting.* Grand Rapids, MI: Fleming H. Revell, 1998

Doron, Reuven. *One New Man.* Cedar Rapids, IA: Embrace Israel, 1996

Flynn, Leslie B. *What the Church Owes the Jew.* Carlsbad, CA: Magnus Press, 1998

Frydland, Rachmiel. *What the Rabbis Know About the Messiah, A Study of Genealogy and Prophecy.* Cincinnati, OH: Messianic Publishing Company, 1991

Hess, Tom. *Let My People Go: The Struggle of the Jewish People to Return to Israel.* 5. Ausgabe. Charlotte, NC: MorningStar Publications, 1997

___. *The Watchmen: Being Prepared and Preparing the Way for Messiah.* Washington, CD: Progressive Vision International, 1998

Hocken, Peter. *The Glory and the Shame: Reflections on the 2Oth Century Outpouring of the Holy Spirit.* Guildford, England: Eagle, 1994.

Juster, Dan. *The Irrevocable Calling.* Gaithersburg, MD: Tikkun Ministries, 1996.

___. *Jewish Roots.* Shippensburg PA: Destiny Image Publishers, 1995.

___. *One People, Many Tribes: A Primer on Church History from a Messianic Jewish Perspective.* Clarence, NY: Kairos Publishers, 1999.

___. *Revelation: The Passover Key.* Shippensburg PA: Destiny Image Publishers, 1991.

Juster, Dan und Intrader, Keith. *Israel, the Church and the Last Days.* Shippensburg, PA: Destiny Image Publishers, 1990.

Kjaer-Hansen, Kai. *Joseph Rabinowitz and the Messianic Movement: The Herzl of Jewish Christianity.* Grand Rapids, MI: Wm. B. Eerdmans, 1995.

Kjaer-Hansen, Kai, und Skjott, Bodil F. *Facts and Myths About the Messianic Congregations in Israel.* Jerusalem: United Christian Council in Israel in cooperation with the Caspari Center for Biblical and Jewish Studies, 1999.

Levine, David. *In That Day: How Jesus Is Revealing Himself to the Jewish People in These Last Days.* Lake Mary, FL: Creation House, Strang Communications, 1998.

Lightle, Steve. *Exodus II: Let My People Go.* Kingwood, TX: Hunter Books, 1983.

Murray, Iain H. *The Puritan Hope: Revival and the Interpretation of Prophecy.* Carlisle, PA: The Banner of Truth Trust, 1998.

Otis, George, Jr. *The Last of the Giants.* Tarrytown, NY: Chosen Books, Fleming H. Revell, 1991.

Portnov, Dr. Anna, comp. *Awakening: An Anthology of Articles, Essays, Biographies, and Quotations About Jews and Yeshua (Jesus).* Baltimore, MD: Lederer Publications, 1992.

Pritz, Ray A. *Nazarene Jewish Christianity: From the End of the New Testament Period Until Its Disappearance in the Fourth Century.* 1988. Reprint, Jerusalem: The Magnus Press, Hebrew University, 1992.

Rosen, Ruth. *Jewish Doctors Meet the Great Physician.* San Francisco: Purple Pomegranate Productions, 1998.

___.*Testimonies of Jews Who Believe in Jesus.* San Francisco: Purple Pomegranate Productions, 1992.

Roth, Sid. *There Must Be Something More: The Spiritual Rebirth of a Jew.* Brunswick, GA: MV Press, 1994.

___.*They Thought for Themselves.* Brunswick, GA: MV Press, 1996.

Scheller, Gustav. *Operation Exodus: Prophecy Being Fulfilled.* Kent, England: Sovereign World Limited, 1998.

Schiffman, Michael. *Return of the Remnant: The Rebirth of Messianic Judaism.* Baltimore, MD: Lederer Messianic Publishers, 1992.

Stern, David H. *Messianic Jewish Manifesto.* Clarksville, MD: Jewish New Testament Publications, 1988.

___.*Complete Jewish Bible: An English Version of the Tanakh (Old Testament) and B'rit Hadashah (New Testament).* Clarksville, MD: Jewish New Testament Publications, 1998.

___.*Restoring the Jewishness of the Gospel.* Jerusalem: Jewish New Testament Publications, 1988.

Telchin, Stan. *Betrayed.* Old Tappan, NJ: Chosen Books, Fleming H. Revell, 1981.

Teplinsky, Sandra. *Out of the Darkness: The Untold Story of Jewish Revival in the Former Soviet Union.* Jacksonville Beach, FL: Hear O Israel Publishing, 1998.

Urbach, Eliezer. *Out of the Fury: The Incredible Odyssey of Eliezer Urbach.* Charlotte, NC: Chosen People Ministries, 1987.

Wilson, Marvin R. *Our Father Abraham: Jewish Roots of the Christian Faith.* 1989. Reprint, Grand Rapids, MI: William B. Eerdmans, 1994.

Anhang C

Messianisch-jüdische Bewegungen und Gemeinden

Weitere Informationen über die messianisch-jüdische Bewegung und Gemeinden erhalten Sie bei:

Tikkun (Wiederherstellung)
P. O. Box 2997
Gaithersburg, MD 20886
USA

Hear O Israel Ministries
P. O. Box 30990
Phoenix, AZ 85046-0990
USA

Messianic Jewish Alliance of America (MJAA)
P. O. Box 274
Springfield, PA 19064
USA

Union of Messianic Jewish Congregations (UMJC)
P. O. Box 11113
Burke, VA 22009-1113
USA

Weitere Informationen zu Diensten in Israel und der Diaspora, die in diesem Buch erwähnt werden, erhalten Sie über:

Asher Intrater
P. O. Box 29340
Jerusalem, 91293
Israel
Fax: 00972-671-0279

Eitan Shishkoff
Tents of Mercy (*Ohalei Rachamim*)
P. O. Box 1018
Kiryat Yam 29109
Israel
Tel: 00972-4-877-7921
E-Mail: ohalei@netvision.net.il

Gateways Beyond
P. O. Box 1131
Colonial Heights, VA 23834
Tel/Fax: 001-804-526-6296
E-Mail: gatewaysbeyond@juno.com

Gateways Beyond, Zypern
P. O. Box 54516, CY 3733
Limassol, Zypern
Tel: 00357-543-4560
Fax: 00357-543-2090
E-Mail: gatewaysbeyond@cylink.com.cy

Ebenezer Emergency Fund
P. O. Box 271653
Fort Collins, CO 80527
USA

Über folgende Adresse können Sie sich mit mir persönlich in Verbindung setzen:

The Caleb Company
Don Finto
68 Music Square East
Nashville, TN 37203
USA

Anhang D

Bekenntnis der Buße
gegenüber dem jüdischen Volk in Amerika und den Nationen der Welt *

Liebe, respektierte Freunde der jüdischen Gemeinschaft, die unseren gemeinsamen Glauben an den Gott Abrahams, Isaaks und Jakobs teilen,

es geschieht etwas in unserer Generation, von dem wir glauben, dass es durch den Allmächtigen gewirkt wird. Menschen verschiedener ethnischer Abstammung und nationaler Zugehörigkeit stellen sich zu den aneinander verübten Sünden vergangener Generationen in dem Wunsch nach Versöhnung und Frieden. Die Söhne und Töchter ehemaliger Sklavenhalter nehmen die Sünden ihrer Vorfahren auf sich und bekennen diese Sünden gegenüber den Söhnen und Töchtern ehemaliger Sklaven. Vielleicht seid ihr euch der „Versöhnungswege" bewusst, die vor kurzem zwischen Europa und Jerusalem von einer Gruppe Christen durchgeführt wurden, welche die Sünden und Zerstörungen der Kreuzritter bekannten.

Wir wissen, dass das jüdische Volk Jahrhunderte lang schlimmste Diskriminierungen erlitten hat, die größten Verfolgungen und barbarischsten aller Gräueltaten. Auch wir haben die Geschichte studiert. Wir sind uns bewusst, dass viele dieser Taten von Christen verübt wurden, oder von Menschen, die sich Christen nannten, und manchmal sogar unter Berufung auf den Namen Christi. Dies ist eine groteske Fehlinterpretation des Ei-

* Mit Genehmigung der Generäle der Fürbitte: Generals of Intercession, P. O. Box 49788, Colorado Springs, CO 80949, USA; Fax: 001-719-535-0884, Webseite: www.generals.org.

nen, der Friedefürst genannt wird und der uns aufgefordert hat, unseren Himmlischen Vater zu lieben und anzubeten, und unseren Nächsten zu lieben wie uns selbst. Obwohl die Schriften, die wir das Neue Testament nennen, uns dazu ermahnen, euch zu lieben, zu respektieren und euch Barmherzigkeit zu erweisen, euch, dem von jeher bestimmten Volk Gottes, dem bis heute auserwählten Volk Gottes, haben wir und unsere Vorfahren im christlichen Glauben uns gegen jenes Gebot aufgelehnt und haben nach unseren Ängsten, Vorurteilen, Hass und Eifersucht gehandelt. Jene, die nicht so handelten, haben durch ihr Schweigen diese Taten während der Kreuzzüge, Pogrome und schließlich im schrecklichen Holocaust geduldet.

Auch wir christlichen Gläubigen in den Vereinigten Staaten haben Anteil an dieser Schuld. Es stammen nicht nur viele von uns von denen ab, die jene Verbrechen verübten, sondern unsere Vorfahren sahen tatenlos zu, ohne das Klagen zu hören, als in den Jahren der Schreckensherrschaft in Europa jüdische Flüchtlinge an unseren Küsten abgewiesen wurden. Unsere Vorfahren verschlossen ihre Augen vor der Todesnot der europäischen jüdischen Gemeinschaft. Sogar in den letzten Jahren noch sahen einige in der christlichen Gemeinschaft apathisch zu, als Synagogen in Brand gesetzt, Friedhöfe geschändet und jüdische Privathäuser und Firmen gewaltsam beschädigt wurden.

Wir empfinden tiefe Trauer über diese Verbrechen gegen euch, unsere jüdischen Geschwister, und im Geist Daniels, der die Sünden vergangener Generationen bekannte, bekennen wir diese Schreckenstaten als Sünden und verabscheuen sie. Durch das Lesen des Propheten Sacharja haben wir verstanden, dass noch eine Zeit kommen soll, in der sich die ganze Welt gegen Israel wenden wird. Sollte so etwas geschehen, wollen viele von uns zu jenen wenigen nichtjüdischen Christen gerechnet werden, die über die Jahrhunderte hinweg ihr Leben riskiert haben, um euch zu schützen. Wir verpflichten uns, in der Kraft Gottes zu euch zu stehen, was es auch kosten mag.

Tommy Tenney und seine Ehefrau Jeannie wohnen mit ihren drei Töchtern in Louisiana. Er ist seit mehr als 10 Jahren im Pastoraldienst und seit mehr als 17 Jahren im Reisedienst tätig.

Was ist eigentlich ein Christ? Wenn sich jemand diese Frage stellt, der «Berufschrist» ist, weil er als Pastor arbeitet, dann wird es interessant. Tommy Tenney sehnte sich danach, Gottes ergreifende Gegenwart in seinem Alltag zu erleben. Und Tenney blieb nicht in der Sehnsucht stecken, sondern jagte diesem Gott nach – um dann schliesslich selber von Ihm gefangen zu werden.

Diese packende Suche schildert er eindrücklich. Tenney ist abgerückt vom kulturell gezähmten Christsein, weil er das erleben will, was in der Bibel steht: dass Menschen geheilt werden, dass Tote auferstehen und Menschen Gott in Seiner Herrlichkeit begegnen. Wie man in diesen Lebensstil hineinkommt, das beschreibt Tenney hier. Das Buch ist wie knuspriges frisches Brot, das hungrig macht nach mehr von Ihm!

VERLAG GOTTFRIED BERNARD
ISBN 3-934771-14-9 · BEST.-NR. 175714

Hartwig Henkel

Zurück in die Realität

Training für die Kämpfer gegen den Geist der Welt

Die Botschaft dieses Buches ist ein Ruf zur Veränderung, ein dringender Apell, jetzt aufzuwachen, um den kommenden Möglichkeiten und den drohenden Gefahren ins Auge zu sehen.

Dieses Buch beschäftigt sich mit den möglichen Widerständen, die einem Erstarken der Gemeinde entgegenstehen. Es ist ein Ruf, den gegenwärtigen geistlichen Kampf wahrzunehmen, zu bejahen und ihn mit Entschiedenheit und Ausdauer zu kämpfen. Jeder Gläubige ist unweigerlich in diesen Krieg verwickelt. Keiner kann ihm entkommen! Aber wir haben die Wahl, ob wir Sieger oder Besiegte sein wollen!